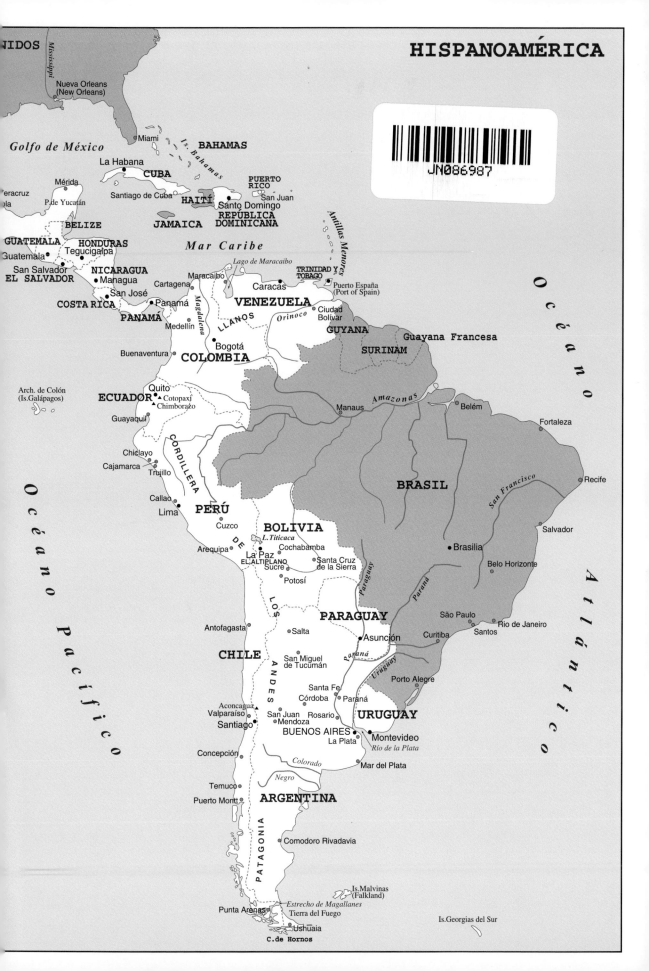

HISPANOAMÉRICA

NIDOS

Mississippi

Nueva Orleans
(New Orleans)

Golfo de México

Miami

Is. Bahamas

BAHAMAS

La Habana

CUBA

Mérida

Santiago de Cuba

PUERTO RICO

Peracruz

P. de Yucatán

San Juan

HAITÍ

Santo Domingo

REPÚBLICA DOMINICANA

BELIZE

JAMAICA

GUATEMALA

HONDURAS

Tegucigalpa

Guatemala

Mar Caribe

NICARAGUA

San Salvador

Managua

EL SALVADOR

Lago de Maracaibo

TRINIDAD Y TOBAGO

Antillas Menores

COSTA RICA

San José

Cartagena

Maracaibo

Caracas

Puerto España
(Port of Spain)

Panamá

VENEZUELA

PANAMÁ

Medellín

Magdalena

LLANOS

Orinoco

Ciudad Bolívar

GUYANA

Buenaventura

Bogotá

COLOMBIA

SURINAM

Guayana Francesa

Arch. de Colón
(Is. Galápagos)

ECUADOR

Quito

Cotopaxi

Chimborazo

Amazonas

Manaus

Belém

Fortaleza

Guayaquil

Chiclayo

Cajamarca

Trujillo

CORDILLERA

BRASIL

San Francisco

Recife

Callao

Lima

PERÚ

Cuzco

BOLIVIA

L. Titicaca

Arequipa

DE

Cochabamba

La Paz

Santa Cruz
de la Sierra

EL ALTIPLANO

Sucre

Brasilia

Salvador

Belo Horizonte

Potosí

Paraguay

Paraná

PARAGUAY

Antofagasta

Salta

Asunción

São Paulo

Curitiba

Santos

Rio de Janeiro

CHILE

San Miguel
de Tucumán

Paraná

ANDES

Santa Fe

Córdoba

Paraná

Uruguay

Porto Alegre

Aconcagua

URUGUAY

LOS

Valparaíso

San Juan

Mendoza

Rosario

Santiago

BUENOS AIRES

Montevideo

La Plata

Río de la Plata

Concepción

Colorado

Mar del Plata

Negro

Temuco

Puerto Montt

ARGENTINA

PATAGONIA

Comodoro Rivadavia

Is. Malvinas
(Falkland)

Punta Arenas

Estrecho de Magallanes

Tierra del Fuego

Is. Georgias del Sur

Ushuaia

C. de Hornos

Océano Pacífico

Océano Atlántico

Océano Atlántico

¡Bienvenidos
al mundo
del español!

Shima Ohara
Kazuyuki Hanagata

Editorial ASAHI

はじめに

　スペイン語は2019年現在、世界で4億8300万人が母語として用いており、母語としては中国語に次いで世界で2番目に話者が多く、学習者も含む使用者数では、英語・中国語に次ぐ世界3番目を誇っています。しかも出生率等の関係で英語・中国語の話者数が減少傾向にあるのに対し、スペイン語話者は増加傾向にあります。言い換えれば、現在もこれから先も、スペイン語を知っているとコミュニケーションがとれる相手は、世界中にものすごくたくさんいるということです。

　スペイン語は、使える国の数の多さも魅力の1つです。ヨーロッパのスペイン、メキシコ、キューバ、ペルー、アルゼンチンなどの中南米の各国だけでなく、アメリカ合衆国のスペイン語使用者数も増加を続けており、現在のペースで話者人口が増加すれば、2060年にはメキシコに次いで世界で2番目にスペイン語話者の多い国になる（全人口のおよそ3分の1）と考えられています。スペイン語を使うことで、ヨーロッパ文化やヨーロッパに残るイスラム文化、マヤ、アステカ、インカといった先住民文明を学び、フラメンコやフォルクローレ、タンゴ、サルサなどの音楽やダンス、サッカーや野球の強豪チームや選手に親しめるだけでなく、熱帯雨林の森林資源開発やエコツーリズムから、日本企業の現地工場での仕事まで、様々な職業にも結びつけることができます。

　それに加えてスペイン語は、発音が日本語に近く、スペルのルールがしっかりしているので、日本語話者の耳に馴染みやすいというメリットもあります。さらにポルトガルやブラジルで話されているポルトガル語ともよく似ているうえ、同じロマンス語系であるイタリア語やフランス語とも似ているといえるでしょう。

　スペイン語の勉強を出発点にして、世界の広い地域に目を向け、活動する力を身につけていってください！

2020年夏　著者一同

本書をお使いになる先生方に

　本書は各課が本文・文法事項・練習問題の3セクションから成り立っています。文法事項と練習問題だけでも基本的な事項は確認できますが、本文ではスペイン語圏の各国の文化を広く紹介しています。各国事情の説明などにもご利用ください。

　授業時間数の関係などから、接続法までを含んだ教科書ではすべてを教えきれない大学が増えていますが、全く入っていないのは物足りないという先生は多いでしょう。本書では16課までは本文を付けてありますが、補遺に含めた17〜20課は文法事項と練習問題のみになっており、授業で進めなかった場合も関心のある学習者がある程度自分で勉強を進められるようになっています。

目 次

 **Lección 1** Saludos

🎧 2
—Buenos días. Soy Ricardo Tudela Ramos, profesor de Pedagogía. ¿Cómo te llamas?

—Me llamo Ángela González Rodríguez. Soy estudiante de Química.

—Encantado.

—Encantada.

🎧 3
—Hola, buenas tardes, Ricardo. ¿Cómo estás?

—Muy bien, gracias. Y tú, Kouichi, ¿qué tal?

—Bien, bien. Muchas gracias.

🎧 4
—Ya me voy. Adiós.

—Hasta mañana.

—Buenas noches. Hasta luego.

❶ アルファベット (alfabeto)

A	a	[a]	N	n	[éne]	
B	b	[be]	Ñ	ñ	[éɲe]	
C	c	[θe]	O	o	[o]	
D	d	[de]	P	p	[pe]	
E	e	[e]	Q	q	[ku]	
F	f	[éfe]	R	r	[ére]	
G	g	[xe]	S	s	[ése]	
H	h	[átʃe]	T	t	[te]	
I	i	[i]	U	u	[u]	
J	j	[xóta]	V	v	[úbe]	
K	k	[ka]	W	w	[úbe dóble]	
L	l	[éle]	X	x	[ékis]	
M	m	[éme]	Y	y	[i grjéga]	
			Z	z	[θéta/séta]	

1 スペイン語のアルファベットは27文字、ñがある。
2 辞書の配列は英語とほぼ同じ。ñはnの次。
3 複合文字としてch, ll, rrがある。以前は一文字として扱われていた。
4 rrが語頭にくることはない。
5 文字Y, yは［je］と読まれることもある。

🎧 ❷ 母音（vocal）

1. 単母音（monoptongo）

a）強母音

a ［a］ amor tango amigo

e ［e］ estudiante edad Egipto

o ［o］ tomate continente oxígeno

b）弱母音

i ［i］ libro biblioteca información

u ［u］ música autobús justicia

2. 二重母音（diptongo）

「強母音＋強母音」以外の組み合わせで並んだ2つの母音。

a）強母音＋弱母音（ai au）（ei eu）（oi ou）

aire euro boina

b）弱母音＋強母音（ia ua）（ie ue）（io uo）

piano siesta Dios

c）弱母音＋弱母音（iu ui）

ciudad cuidado

3. 三重母音（triptongo）

「弱母音＋強母音＋弱母音」。「iai」「iei」「uai/uay」「uei/uey」の4つのみ存在する。（語末のyは［i］と発音する）

Uruguay Paraguay buey

③ 子音 （consonante）

b [b]   banco bebida bambú tabaco

v [b]   violencia vocabulario virus vaca

c [k]   (ca cu co)   comercio capital cucaracha médico

   [θ]   (ce ci)   centro estación ceremonia cine

ch [tʃ]   lechuga chocolate fecha leche

d [d]   mundo danza día duda

（語末ではほとんど無音） Madrid ciudad universidad seguridad

f [f]   profesor teléfono familia fiesta

g [g]   (ga gu go)   gorila agua gasolina gasto

   [x]   (ge gi)   generación gigante girasol gesto

   [g]   (gue gui)   espaguetis guía guerra guion

   [gw] (güe güi)   bilingüe pingüino lingüística nicaragüense

h [-]   (無音)   hotel ahora hamaca hermano humo

j [x]   José Japón extranjero joya

k [k]   karaoke kaki karate kilómetro kétchup

l [l]   lengua limón local lámpara luna pelo

ll [ʎ]   paella silla sello billete lluvia

m [m]   momento magia tiempo mensaje museo

n [n]   nave nombre nieve número manzana

ñ [ɲ]   España niño montaña compañero

p [p]   pan pulpo pepino península

q [k]   (que qui)   paquete quiosco queso máquina

🎧8

r	[r]		cara sombrero horario toro
r	[ř]（語頭）		restaurante radio rosa religión
rr	[ř]		torre arroz correo guitarra
s	[s]		casa secreto sangre sopa mes
t	[t]		turista tarifa tutor tierra futuro
w	[w]		whisky Washington web wi-fi
x	[ks]		examen taxi exacto
	[s]		extranjero excelente xenofobia exportación
y	[j]		yoga ayer yen yate
	[i]		y rey hoy
z	[θ]		horizonte azafata zero azúcar

＊xはMéxico, mexicanoなどメキシコに関係する単語では例外的に[x]で発音する。
＊[θ]で発音されると記したスペルは、地域によって[s]で発音される。
＊lは舌の先を上の歯茎につけたまま、舌の両側から声を出す。llの発音はy[j]の発音に近い。

[k]	ca,	qui,	cu,	que,	co
[θ]	za,	ci,	zu,	ce,	zo
		(zi)		(ze)	
[g]	ga,	gui,	gu,	gue,	go
[x]	ja,	gi,	ju,	ge,	jo
		(ji)		(je)	
[gw]	gua,	güi,		güe,	guo

🎧9 **④ 二重子音**

子音のlまたはrが2番目になる組み合わせの2個の子音を二重子音と呼ぶ。

bl cl fl gl pl   templo flor problema gloria

br cr dr fr gr pr tr   brazo negro cristal África

5 音節（sílaba）

10

1. 強母音と強母音は別々にする。

   o-a-sis　ba-ca-la-o

2. アクセント符合のついた弱母音は強母音として扱う。

   ge-o-gra-fí-a　i-de-o-lo-gí-a

3. 二重母音・三重母音は1個の母音とみなす。

   im-por-tan-cia　so-cie-dad　cui-da-do　U-ru-guay

4. 二重子音は1個の子音とみなす。ch, ll, rrも1個の子音とみなす。

   gran-de　blan-co　chu-rras-co　llu-via

5. 母音と母音との間にある子音は、ひとつが後の母音につく。

   ca-len-da-rio　fac-tu-ra　mons-truo　ver-güen-za

7 アクセント（acento）

11

1. 母音または子音-n, -sで終わる単語は、最後から2番目の音節にアクセントがある。

   espi**na**ca　**cri**sis　**jo**ven　e**xa**men

2. -n, -s以外の子音で終わる単語は、最後の音節にアクセントがある。

   profe**sor**　hospi**tal**　ciu**dad**

3. アクセント符号がついている単語では、その音節にアクセントがある。

   fútbol　te**lé**fono　sal**món**　ca**fé**

🎧 12　**1** 次の国名、首都、国語名を正確に発音しなさい。

España	Madrid	español
Japón	Tokio	japonés
China	Pekín	chino
Corea（del Sur）	Seúl	coreano
Italia	Roma	italiano
Portugal	Lisboa	portugués
Francia	París	francés
Inglaterra	Londres	inglés
Estados Unidos（de América）	Washington	inglés
Alemania	Berlín	alemán

＊地名・人名などの固有名詞、宗教、史実、公的で唯一の機関や制度名、作品名、社名などは大文字で始める。英語と異なり言語名や国名に由来する形容詞は文頭以外で大文字にしないので、注意。

いろいろな名詞

*東西南北　este, oeste, sur, norte

*色　白 blanco　黒 negro　赤 rojo　青 azul　緑 verde　黄 amarillo
紫 morado　茶 marrón　灰 gris

*動物　犬 perro　猫 gato　ウサギ conejo　モルモット cobaya
雄牛 toro　雌牛 vaca　羊 oveja　仔羊 cordero　山羊 cabra　豚 cerdo
ライオン león　キリン jirafa　カンガルー canguro　ピューマ puma
トラ tigre　リャマ llama　アルパカ alpaca　アルマジロ armadillo

*服　シャツ・ブラウス camisa　ジャケット chaqueta　スカート falda
ズボン pantalón　ジーンズ vaqueros　靴 zapatos　眼鏡 gafas
スニーカー zapatos deportivos　コート abrigo
セーター suéter, jersey, chompa　Tシャツ camiseta　ネクタイ corbata　下着 ropa interior
靴下 calcetín　ストッキング calceta, media

位置を示す前置詞

*　en：日本語の「〜に」に近い。通常想定されるところ「に」ある・いる。
en la mesa ＝ sobre la mesa, encima de la mesa「机に＝机の上に」
en la caja ＝ dentro de la caja「箱に＝箱の中に」
en la pared「壁に（貼りつけて、掛けて）」

*　a：en よりも狭いポイント「に」。
al lado de A「Aの横・側面に」
a dos kilómetros de B「Bから2キロメートルのところに」

*　基準になるものから見て
delante de A / detrás de A　「Aの前に／後ろに」
a la derecha de B / a la izquierda de B　「Bの右に／左に」
enfrente de C　「Cの正面に・Cに向かい合って」
encima de D / debajo de D　「Dの上に／下に」
arriba / abajo　（基準点なしで）「上に／下に」
cerca de 〜「〜の近くに」　　lejos de 〜「〜から遠くに」

El equipaje

 (en la habitación, antes de salir)

Aquí en la maleta hay ropas, un cepillo, un cortaúñas, unas zapatillas y una chaqueta. Ahí en la mesa hay un diccionario, un mapa, unos bolígrafos y medicamentos. Todo para el viaje a España. Claro, el pasaporte, el billete de avión, y también una tarjeta de crédito sin falta.

 (en el avión)

—¿Carne o pescado?

—Carne, por favor.

—¿Para beber?

—¿Hay Coca-Cola?

—Sí.

—Entonces, una Coca-Cola, por favor. Muchas gracias.

—De nada.

 (en el hotel)

—¿Hay un bar en el hotel?

—No, pero hay un bar allí, en la esquina.

—Gracias.

 (en un bar)

—Un café, por favor.

—¿Con leche?

—Sí, un café con leche, y azúcar también, por favor. ¡Ah! ¡También hay chocolate con churros!

—¡Por supuesto!

❶ 名詞（nombre/sustantivo）の性（género）

すべての名詞は男性名詞（sustantivo masculino）と女性名詞（sustantivo femenino）に分かれる。

1. 男性名詞は-oで終わり、女性名詞は-aで終わることが多い。

男性　libro　diccionario　dinero　trabajo

女性　vida　naranja　casa　agua

2. 生物の雌雄と名詞の性は一致する。

男性　hombre　padre　señor　niño　gato

女性　mujer　madre　señora　niña　gata

3. 上記1.1. の例外もある。

男性　día　programa　mapa　sofá　　女性　foto　mano　moto

4. -ción, -dad, -sión, -tadで終わる語は女性名詞。

habitación　ciudad　sociedad　universidad　televisión　amistad

5. 語尾のみでは判別できない語もある。

男性　coche　sol　país　papel　　女性　flor　crisis　sal　clase

＊男性単数形が子音で終わる実際に性別のある名詞は、aを加えて女性形を作ることが多い。

女性形を作っても、アクセントの位置は変わらない。

profesor/profesora　león/leona　japonés/japonesa　español/española

＊男女同形名詞：-istaで終わる（pianista, dentista...）

　　　　　　　　-anteで終わる（estudiante, cantante...）

　　　　　　　　その他（colega, paciente, testigo, joven...）

男女同形であっても、かかる冠詞や形容詞は実際の性に合わせるので注意。

❷ 名詞の数（número）

名詞には単数（número singlar）と複数（número plural）がある。複数形は辞書に載っていないので、意味は単数形で調べる。単数形と複数形でアクセントの位置が変わることはない。

	単数	複数
母音で終わる名詞＋-s	estudiante	estudiantes
子音で終わる名詞＋-es	hotel	hoteles

1. 単複同形の名詞がある。

lunes　paraguas　crisis

2. 単数形が-zで終わる語は、規則に従い-zを-cに変えて-esをつける。また規則に従いアクセント符号をつけたり外したりする必要が生じることがある。（cf. Lec.1）

vez→veces　pez→peces　lápiz→lápices

examen→exámenes　joven→jóvenes　avión→aviones　vacación→vacaciones

❸ 定冠詞 （artículo definido） と不定冠詞 （artículo indefinido）

🎧 19

定冠詞・不定冠詞は共に名詞の性数（男性名詞/女性名詞、単数/複数）に一致し、名詞の前に置かれる。定冠詞は特定されたもの、既に話題に上がったものなどを示し、不定冠詞は不特定なもの、初めて話題にするものなどを示す。

定冠詞

	単数	複数
男性	el	los
女性	la	las

不定冠詞

	単数	複数
男性	un	unos
女性	una	unas

el diccionario　los diccionarios

la cultura　　　las culturas

un niño　unos niños

una niña　unas niñas

＊不定冠詞の複数は「いくつかの」「何人かの」の意味になる。

Hay niños en la sala. / Hay unos niños en la sala.

＊数詞（基数）の前に不定冠詞の複数形がつくと「〜くらい」の意味になる。

数詞（número）　0 cero　1 uno（un, una）　2 dos　3 tres　4 cuatro

5 cinco　6 seis　7 siete　8 ocho　9 nueve　10 diez

unos diez estudiantes / unas cinco botellas de vino

❹ 前置詞 （preposición）

🎧 20

1. 名詞の補足部となり、名詞を特定する。

en casa / los amigos **de** José / el tren **para** Sevilla / un té **con** limón / **sobre** la mesa
a la universidad

2. 前置詞a＋定冠詞el→al、前置詞de＋定冠詞el→del

a＋el pueblo→**al** pueblo　　　cerca de＋el parque→cerca **del** parque

❺ hay （動詞haberの直説法3人称単数現在） 「…がある、…がいる」

🎧 21

（不定冠詞・数詞を伴う）不特定の物や人の存在を表す。なお不定冠詞単数形のun, unaと名詞の前に置かれた数詞のun, unaは同形で区別できない。

Hay perros en el parque. / Hay unas estudiantes en la clase.

Hay un coche en la calle. / Hay ocho galletas sobre la mesa.

Ejercicio 2

1 （　　）に適切な定冠詞を入れなさい。

1) Hay unos estudiantes en （　　　　　） clase.

2) Hay diez niños en （　　　　） parque.

3) Hay tres mujeres en （　　　　） supermercado.

4) Hay panaderías cerca de （　　　　） estaciones.

5) Hay una cafetería en （　　　　） universidad.

6) Hay unos periódicos en （　　　　） sofá.

7) Hay un banco en （　　　　） aeropuerto.

8) Hay una carpeta en （　　　　） mochila.

2 （　　）に適切な不定冠詞を入れなさい。

1) Hay （　　　　） autobús para Barcelona.

2) Hay （　　　　） fotos en la mesa.

3) En la ciudad hay （　　　　） bibliotecas públicas.

4) Hay （　　　　） moto en la calle.

5) En la nevera hay （　　　　） zumo de naranja.

6) Allí hay （　　　　） mapa.

3 次の日本語をスペイン語にしなさい。

1) ここにマドリッド行きの列車の切符が二枚あります。

2) 車に地図が一枚あります。

3) 部屋にはソファーがあります。

Lección 3 Alcalá de Henares

🎧 22

Hola amigos, yo me llamo María González Pérez. Soy española y estudiante de la Facultad de Pedagogía de la Universidad de Alcalá de Henares. Encantada. Él es mi compañero, Rodrigo Martínez. Es de México. Es alegre y simpático, pero hoy está resfriado. Lástima. La Universidad no está en el centro de Madrid, sino en la ciudad de Alcalá de Henares, aunque está en la misma Comunidad de Madrid. Está al este de Madrid y es una ciudad tranquila. Está muy bien comunicada con Madrid por tren y autobús. El barrio histórico de Alcalá, incluso algunos edificios de la Universidad, es ahora Patrimonio Cultural de la Humanidad de la UNESCO.

En Alcalá de Henares hay muchos monumentos relacionados con las aventuras de *Don Quijote de la Mancha*, gran novela clásica y honor de los españoles. Don Quijote es delgado y alto, y su compañero Sancho es gordo y bajo. Su autor, Miguel de Cervantes, es de esta ciudad. Toda la gente de Alcalá está muy orgullosa del hecho.

Gramática 3

❶ 主格人称代名詞（pronombre personal subjetivo）

23

	単数		複数	
1人称	yo	私	nosotros/as	私たち
2人称	tú	君	vosotros/as	君たち
3人称	él	彼	ellos	彼ら
	ella	彼女	ellas	彼女たち
	usted	あなた	ustedes	あなたがた

1. túとvosotrosは親しい間柄、ustedとustedesは初対面や接客など距離のある間柄で使われる。なお中南米ではvosotrosは使わない。

2. ustedとustedesは3人称として扱われる。またUd. / Vd., Uds. / Vds.と略記することもあるが、発音は変わらない。

❷ 形容詞（adjetivo）

24

		単数	複数
語尾が母音-o	男性	blanco	blancos
	女性	blanca	blancas
語尾が-o以外の母音	男性	amable	amables
	女性	amable	amables
語尾が子音	男性	fácil	fáciles
	女性	fácil	fáciles

1. 形容詞は名詞に合わせて性数一致させる。名詞のうしろに置くのが一般的で、前に置くと強調になる。なお国名・地名を表す子音で終わる形容詞は、-a, -asをつけて女性形を作る。

 una moto roja / unos coches blancos

 el examen fácil / las tareas difíciles

 tres estudiantes españoles / cinco estudiantes españolas

2. mucho, pocoは名詞の前にしか置けない。

 muchos libros / pocas palabras

3. buenoとmaloは一般に名詞の前に置くことが多い。男性名詞単数形の前では、buen, malになる。

 unas buenas amigas / un buen vino / malos tratos / el mal café

4. grandeは男性単数形の前でgranになる。前に置くと抽象的な意味（偉い、偉大な）、後ろに置くと物理的な意味（大きい、広い）になる。

 el gran hombre / el hombre grande

❸ 動詞（verbo）serの直説法現在活用（presente de indicativo）

yo	**soy**	nosotros	**somos**
tú	**eres**	vosotros	**sois**
él, ella, usted	**es**	ellos, ellas, ustedes	**son**

🎧 25

1. 連結動詞「～は…です」。主語の名前、職業、立場、国籍などを示す。

   Soy Ángela. / Somos japoneses. / Eres estudiante de Derecho.

   Sois profesores. / ¿Gaudí es español? —No, es catalán.

2. ser＋deで出身地や材料、所有を表す。

   Soy de España. / El vino es de Chile. / Estas sábanas son de algodón.

   El coche es de Juan.

3. 形容詞を伴い、主語の性質・性格など長期間不変のものを表す。

   El hierro es duro. / El azúcar es dulce. / La mesa es redonda.

   Eres inteligente. / Mónica es guapa y simpática.

❹ 動詞estarの直説法現在活用

yo	**estoy**	nosotros	**estamos**
tú	**estás**	vosotros	**estáis**
él, ella, usted	**está**	ellos, ellas, ustedes	**están**

🎧 26

1. 形容詞や形容詞句を伴い、主語の変わりやすい状態を表す。

   Estoy cansado. / Estamos contentos. / La mesa está sucia.

   Estás muy guapa hoy. / Jorge está de pie.

2. 特定された主語の所在を示す。

   Estamos en casa. / Madrid está en el centro de la Península Ibérica.

   ¿El Museo del Prado está cerca de aquí? / ¿Dónde estás?

🎧 27

❺ 否定文と疑問文

1. 否定文

   活用している動詞の前にnoを置く。

   No soy de Japón, soy de China. / No estoy muy contento.

   No hay muchos pasajeros. / Julia no está en la habitación.

2. 疑問文

   相手に「はい」「いいえ」で答えてもらうための疑問文は、平叙文と同じ語順か、主語と動詞を入れ替える。文末でイントネーションを上げる。

   ¿Es Carlos profesor de inglés? (¿Carlos es profesor de inglés?)

   —Sí, es profesor de inglés. / No, no es profesor de inglés. Es profesor de música.

Ejercicio 3

1 serを直説法現在に正しく活用させなさい。

1) Yo （　　　　　） de Bogotá, la capital de Colombia.

2) Tú （　　　　　） peruano.

3) ¿Vosotros （　　　　　） madrileños?

4) Penélope （　　　　　） una actriz española.

5) Marco y yo （　　　　　） de Italia.

6) La pronunciación del español no （　　　　　） difícil para los japoneses.

7) Los niños （　　　　　） pequeños todavía.

8) La próxima estación （　　　　　） El Escorial.

9) Yo （　　　　　） bilingüe.

10) ¿Ustedes （　　　　　） estudiantes de Periodismo?

11) Los zapatos de Aurelia （　　　　　） elegantes.

2 estarを直説法現在に正しく活用させなさい。

1) Mi padre y yo （　　　　　） ahora en Lisboa, la capital de Portugal.

2) Cristina y Felipe （　　　　　） en la terraza.

3) Usted （　　　　　） cansado.

4) Tú （　　　　　） de prisa.

5) Vosotras （　　　　　） estupendas.

6) Yo （　　　　　） aquí, cerca de la universidad.

7) Las salchichas todavía （　　　　　） calientes.

8) ¿（　　　　　） Cuzco en el Perú?

3 hayもしくはestarかserの正しい活用形を入れなさい。

1) Usted （　　　　　） de Bolivia.

2) La universidad （　　　　　） lejos de la estación.

3) （　　　　　） unos alumnos en la clase todavía.

4) Francisco y tú （　　　　　） buenos amigos.

5) Aquí （　　　　　） los libros de Borges.

6) ¿Tú （　　　　　） bien?

 # México

Me llamo Carlos Montoya. Soy español y ahora vivo con mi prima Natalia en la Ciudad de México. Yo trabajo en una empresa multinacional y ella estudia en la Universidad Nacional Autónoma de México (UNAM). Mi oficina está a unos quince minutos de la UNAM y siempre comemos juntos.

Mis platos favoritos son los tacos al vapor y la chuleta de cerdo. Los suyos son los pozoles y las enchiladas. Este restaurante es famoso por su pollo asado y aquél por sus camarones. No cocinamos mucho en casa; a veces también desayunamos y cenamos fuera. ¡Hay muchas comidas ricas en México!

Gramática 4

❶ 直説法現在の規則活用

[ar動詞]		[er動詞]		[ir動詞]	
hablar		com**er**		viv**ir**	
hablo	hablamos	como	comemos	vivo	vivimos
hablas	habláis	comes	coméis	vives	vivís
habla	hablan	come	comen	vive	viven

estudiar	aprender	abrir
usar	beber	escribir
esperar	leer	subir

直説法現在の用法

1. 現在の行為や状態を表す。

    Hablo español. / Ellos reciben malas noticias.

    Vives en una residencia universitaria. / Comemos paella mixta.

2. 現在の習慣を表す。

    Luis siempre estudia en la biblioteca después de la clase.

3. 確実な未来の行為を表す。

    Mañana celebramos el cumpleaños de Carolina. / El avión llega a tiempo.

❷ 直接目的語（objeto directo）と前置詞a

直接目的語が特定の人間であれば前置詞aが必要になる。事物や不特定の人間であれば不要。

Esperamos a Maite. / Enrique estudia Informática en la universidad.

Busco al secretario. / Usted busca un secretario.

❸ 所有形容詞（adjetivo posesivo）（前置形）

「私の」「君の」「彼の／彼女の」など持ち主を表す。名詞の前に置き、1人称・2人称複数は名詞の性数に、他は数に一致する。定冠詞のニュアンスが含まれる。

単数	mi	tu	su	nuestro/a	vuestro/a	su
複数	mis	tus	sus	nuestros/as	vuestros/as	sus

mi habitación tu amigo nuestra casa vuestro coche su familia

mis padres tus exámenes nuestras fotos sus libros

Mis padres están en su casa. / Nuestra madre es mexicana.

❹ 所有形容詞（後置形）

名詞が不定冠詞など前に置かなければならない単語をともなう場合や省略される場合、補語となる場合には、所有形容詞は後置形を用いる。なお後置形はすべて男性単数形が-oで終わり、普通の形容詞と同様に性数一致する。

mío	tuyo	suyo	nuestro	vuestro	suyo

🎧 32
Hablo con una amiga mía. / Hay unos cuadernos nuestros en la mesa.

Mi corazón es tuyo. / ¿Es mi bicicleta? —No, es suya.

❺ 指示形容詞（adjetivo demostrativo）

名詞の前に置く。掛かっている名詞の性数に一致する。

	この	これらの	その	それらの	あの	あれらの
男性	este	estos	ese	esos	aquel	aquellos
女性	esta	estas	esa	esas	aquella	aquellas

🎧 33
este pantalón　aquellas montañas

Estas semanas estoy en Tokio. / Este mes hay otros exámenes.

Aquel parque está tranquilo hoy. / Esa casa es grande.

🎧 34 ❻ 指示代名詞（pronombre demostrativo）

1. 指示形容詞と同形。ただし、最初のeにアクセント符号を付ける。cf. スペイン語豆知識

   ¿Éste es su reloj? / La bicicleta de Susana es aquélla.

2. 中性指示代名詞　esto, eso, aquello

   実体のわからないものや抽象的な内容を示す時に用いられる。

   ¿Qué es aquello? —Es un móvil último modelo.

   Eso es importante. / Esto es diferente. / Aquello es posible.

🎧 35 ❼ 基数（11〜20）

11 once	12 doce	13 trece	14 catorce
15 quince	16 dieciséis	17 diecisiete	18 dieciocho
19 diecinueve	20 veinte		

trece vasos de agua / quince botellas de vino blanco / diecinueve años

Hay doce libros en la mesa. / Hay veinte alumnos en la clase.

Compro un litro de leche y doce huevos en el supermercado.

Ejercicio 4

1 動詞を直説法現在に正しく活用させなさい。

1) Esta sopa (quemar　　　　　　) mucho.

2) Mis hijas (estudiar　　　　　　) arquitectura en Lima.

3) Yo (leer　　　　　) el horóscopo del periódico cada mañana.

4) ¿Vosotros (vivir　　　　　) con vuestra familia?

5) Tú (abrir　　　　) la puerta de casa.

6) ¿Usted (tomar　　　　　) cerveza o vino?
　　—Yo (tomar　　　　　) un mosto.

7) Miguel y yo (trabajar　　　　　　) en un restaurante español.

8) Mi sobrino (beber　　　　　) mucha leche.

9) Vosotros (esperar　　　　　　) el metro en el andén.

10) Nosotros siempre (subir　　　　　　) por esta escalera.

11) Yo (odiar　　　　　) las cucarachas.

12) Mañana José y Amparo (cumplir　　　　　　) veinte años.

2 次の日本語をスペイン語にしなさい。

1) それは簡単です。

2) あれがクララですか？

3) 私はこの本を買いません、それ（本）を買います。

Lección 5 　Gibraltar

—Llevas en Sevilla casi un año y el próximo mes vas a regresar a Japón. Ya conoces muchos lugares interesantes de Andalucía, ¿no?

—Bueno, ya conozco Granada y Córdoba, pero todavía no conozco Gibraltar.

—Es un sitio curioso. ¡Vamos este fin de semana! Está en Cádiz, y está un poco lejos de Sevilla. Vamos a salir temprano.

—Ya veo el peñón de Gibraltar. ¡Hay banderas de Inglaterra!

—¿No sabes la historia de Gibraltar?

—Pues, no sé mucho.

—Por el Tratado de Utrecht, desafortunadamente para los españoles, Gibraltar pertenece a Inglaterra.

—El estrecho de Gibraltar conecta el Mar Mediterráneo y el Atlántico. Por eso, estratégicamente es muy importante. ¡Ah!, veo muchos monos allí. ¡Vamos a buscar algún regalo con monos!

Gramática 5

① 直説法現在の1人称単数形だけが不規則になる動詞

1. hacer型　直説法現在の1人称単数形が-goになる動詞。

37

hacer	
hago	hacemos
haces	hacéis
hace	hacen

poner: pongo　pones　pone　ponemos　ponéis　ponen
salir: salgo　sales...　　　　　　traer: traigo　traes...

Hoy no salgo de casa. / Traigo muchos dulces.
Hago muchos ejercicios del español. / ¿Pongo la música?

2. conocer型　直説法現在の1人称単数形が-zcoになる動詞。

conocer	
conozco	conocemos
conoces	conocéis
conoce	conocen

conducir: conduzco　conduces　conduce　conducimos　conducís　conducen
agradecer, parecer, obedecer

Conduzco este coche. / Conozco muy bien a este hombre.
Obedezco las órdenes.

3. dar型　直説法現在の1人称単数形がその他の不規則な形になる動詞。

dar: doy　das　da　damos　dais　dan
saber: sé　sabes...　　　　　ver: veo　ves...

Veo la televisión. / Doy este libro a Julia. / No sé por qué.

🎧 ❷ saberとconocer

1. saber　知識・情報として知っている。技能がある（＝know how to do）。

¿Sabes el número de teléfono de emergencias? —Es el 065.

Yo no sé nadar y mi hermana tampoco.

2. conocer　体験・交際して知っている。

Conocemos aquel restaurante. / Conozco bien Madrid. / ¿Conocéis a Manuel?

🎧 ❸ 完全不規則動詞ir

ir	
voy	vamos
vas	vais
va	van

Voy a Madrid con mis amigos. / Vamos a la universidad en bicicleta.

🎧 ❹ ir＋a＋不定詞（＝be going to）　近い未来の行為やする予定の行為を表す。

Antonio va a estudiar en casa hoy. / ¿Vais a usar el coche?

＊「vamos a＋不定詞」は勧誘としても使える。

¡Vamos a bailar! / Vamos a ir en mi coche. —Está bien. Vamos.

🎧 ❺ -menteによる形容詞の副詞化

1. oで終わる形容詞は末尾のoをaに変えて-menteをつける。

perfecto→perfectamente　　exacto→exactamente　　malo→malamente

2. その他の形容詞は、そのまま-menteをつける。

difícil→difícilmente　　libre→libremente　　oficial→oficialmente

3. 元の形容詞のアクセントが第1アクセントとなり、-menteの最初のeに第2アクセントが置かれる。アクセント符号の有無は、元の形容詞と同じ。

El presidente de Argentina próximamente va a visitar Japón.

Los estudiantes normalmente comen en el comedor universitario.

Ejercicio 5

1 動詞を直説法現在に正しく活用させなさい。

1) Yo siempre（hacer　　　　）la compra en aquel supermercado.

2) La camarera（poner　　　　）un zumo de naranja sobre la mesa.

3) Yo no（conducir　　　　）bien.

4) Vosotros（hacer　　　　）negocios con empresas japonesas.

5) Ustedes（salir　　　）en el periódico de hoy.

6) Nosotros siempre（ir　　　）a aquel bar.

7) ¿Tú（traer　　　　）unas botellas de vino a la fiesta?

2 saberかconocerを選び、直説法現在に正しく活用させなさい。

1) ¿Tú（　　　　）esta noticia?

2) Yo（　　　）a los amigos de Sofía.

3) Cristina（　　　　）bien la historia de Cataluña.

4) ¿Vosotros no（　　　　）bien Buenos Aires?

5) Yo（　　　）cocinar bien.

3 次の文をir＋a＋不定詞の文章に書き換えなさい。

1) Maribel escribe un libro.

2) Mañana no traigo este diccionario español-japonés a la clase.

3) Hoy llegan mis amigas desde Cancún.

4) Presentáis estos papeles pasado mañana.

5) Vamos a la Sagrada Familia en este verano.

4 次の形容詞を副詞にしなさい。

constante, completo, tranquilo, mutuo, tradicional, terrible, posible, fácil, actual, estupendo, verdadero, seguro, inmediato, reciente, cariñoso, afortunado...

Lección 6 Viaje a Machu Picchu

🎧 42

—Por fin llegamos a Lima, la capital de Perú. En Lima vamos a tomar un vuelo para Cuzco.

—¿Por qué vamos a Cuzco?

—Porque es una ciudad bonita con muchos restos del Imperio incaico. Además, podemos ir a Machu Picchu desde Cuzco en tren.

—Quiero ir a Machu Picchu sin falta.

—Vamos a dormir dos noches en Cuzco para descansar. Pasado mañana vamos a coger el tren para Ollantaytambo y el Pueblo de Machu Picchu. La entrada a las ruinas cuesta sesenta y cinco soles para los estudiantes.

—¡Qué espectacular! Es "ver para creer".

—(a un turista) Señor, ¿puede sacar una foto de nosotros con aquella llama?

—Sí, por supuesto.

—Muchas gracias.

—De nada.

Gramática 6

❶ 語幹母音変化動詞─直説法現在

語幹母音（語幹末の母音）が変化する動詞。変化は語幹母音にアクセントがくる場合に起こる。

1. 基本形

🎧 43

querer型		poder型		pedir型	
quiero	queremos	puedo	podemos	pido	pedimos
quieres	queréis	puedes	podéis	pides	pedís
quiere	quieren	puede	pueden	pide	piden

querer型　e→ieの変化

pensar: **pie**nso **pie**nsas **pie**nsa pensamos pensáis **pie**nsan

empezar: emp**ie**zo emp**ie**zas emp**ie**za empezamos empezáis emp**ie**zan

entender perder sentir mentir

poder型　o→ueの変化

contar: c**ue**nto c**ue**ntas c**ue**nta contamos contáis c**ue**ntan

volver: v**ue**lvo v**ue**lves v**ue**lve volvemos volvéis v**ue**lven

encontrar devolver dormir morir

pedir型　e→iの変化

repetir: rep**i**to rep**i**tes rep**i**te repetimos repetís rep**i**ten

conseguir: cons**i**go cons**i**gues cons**i**gue conseguimos conseguís cons**i**guen

2. **jugar**　u→ueの変化

jugar: j**ue**go j**ue**gas j**ue**ga jugamos jugáis j**ue**gan

jugar al fútbol, jugar al béisbol, jugar al tenis, jugar al ajedrez...

❷ 不定詞（infinitivo）

🎧 44

1. 動詞を名詞化する（「〜する」を「〜すること」に変える）。

Es importante **aprender** lenguas extranjeras. / **Querer** es **poder**.

Estudiáis demasiado sin **descansar**. / Trabajamos para **vivir**.

Lo importante es **estudiar** mucho para el futuro.

Lo malo es no **decir** nada.

＊中性定冠詞lo：形容詞（男性単数形）や副詞を抽象名詞化する。

2. 特定の動詞の目的語として、熟語的に使われる。

Quieren **viajar** por Europa. / Pienso **trabajar** en Buenos Aires.

No puedes **estudiar** español todos los días. / No sé **conducir**.

3. al＋不定詞：「～するやいなや」「～するとき」

＊特に指示がなければ、「al＋不定詞」と主文の主語は同一。

Al salir de la habitación, apago la luz.

Al ver a su padre, Lucía empieza a llorar.

＊主語が異なる場合は、不定詞の主語を不定詞の後ろに置く。

Al llegar nosotros a la estación, el tren ya está a punto de salir.

Al entrar Luis en el aula, la clase empieza.

🎧 ❸ 婉曲のpoder, querer
45

poder＋不定詞、querer＋不定詞は、婉曲に依頼するときにも使える。

¿**Puedes abrir** la puerta? / ¿**Quiere** usted **firmar** aquí?

🎧 ❹ 基数20〜100
46

20	veinte	27	veintisiete	40	cuarenta
21	veintiuno（-ún）	28	veintiocho	50	cincuenta
22	veintidós	29	veintinueve	60	sesenta
23	veintitrés	30	treinta	70	setenta
24	veinticuatro	31	treinta y uno（-un）	80	ochenta
25	veinticinco	32	treinta y dos	90	noventa
26	veintiséis	33	treinta y tres	100	cien（ciento）

＊cienは後ろにmil以外の数詞が続くときはciento(s)になる。

Aquí hay noventa y cinco coches. / Este anillo cuesta cien euros.

Cuarenta y dos investigadores forman el equipo del proyecto.

Unos sesenta alumnos quieren aprender español.

Ejercicio 6

1 動詞を直説法現在に活用させなさい。

1) Yo（dormir) siete horas habitualmente.

2) La Copa Mundial de fútbol（empezar) mañana.

3) Nosotros（pedir) sopa de pescado, chuleta de cerdo y de postre tarta de queso.

4) ¿Tú（querer) algo fresco? —Sí,（querer) una caña.

5) Mi jefe（pensar) terminar este trabajo dentro de este mes.

6) Dentro de la iglesia nosotros no（poder) hablar en voz alta.

7) ¿Tú también（jugar) al golf?

8) ¿Vosotros no（dormir) nada?

9) Ellos no（entender) bien inglés.

10) Yo（volver) directamente a casa en tren.

11) Todavía ellos no（conseguir) el pasaporte.

12) Tú no（poder) comer gambas por la alergia.

13) Pedro y yo（perder) el último metro.

14) Estas alumnas（querer) estudiar español en Valladolid.

15) La profesora（repetir) las frases difíciles.

2（ ）の中の算用数字を、スペイン語に直しなさい。

1) Hay（74) hombres y（55) mujeres en la fiesta.

2) Los（86) estudiantes están en la cancha de fútbol.

3) Esta pulsera cuesta（62) euros, y estos pendientes de rubí,（91) euros.

4) Quiero comprar（40) botellas de vino,（27) barras de pan,（12) huevos y（33) latas de melocotones en almíbar.

# Toledo

🎧
47

Tengo una hermana menor. Se llama Ana Belén y vive en Toledo. Ahora está con gripe, tiene una fiebre alta y debe descansar tranquilamente en cama. Tengo que volver a Toledo este fin de semana para estar con ella.

Toledo está a media hora en AVE (Alta Velocidad Española) desde la estación de Atocha de Madrid. Hay que sacar de antemano el billete del AVE porque los fines de semana mucha gente viaja a Toledo por el turismo. Mi tren sale a las diez y veinte de la mañana y llega a Toledo a las once menos diez. El AVE de la vuelta sale de Toledo a las seis menos siete de la tarde y llega a Atocha a las diecinueve y veintitrés. Cada viaje cuesta diez euros.

Ana Belén siempre afirma que Toledo es una ciudad muy bonita y que tiene un ambiente medieval. Tiene una historia curiosa de la convivencia de las tres culturas, es decir, de la cristiana, la judía y la musulmana. En Toledo encuentras mezquitas y sinagogas al lado de una catedral gótica e iglesias católicas. También es famoso por los cuadros de El Greco y los mazapanes.

Gramática 7

❶ tener型　直説法現在1人称単数形が-goになる形を含む不規則動詞

tener		decir		oír	
tengo	tenemos	digo	decimos	oigo	oímos
tienes	tenéis	dices	decís	oyes	oís
tiene	tienen	dice	dicen	oye	oyen

venir

［tenerの用法］

1. 所有

48

Yo tengo unas manzanas. / Mis padres tienen un perro grande.

¿Tienes resguardo? / No tenéis carnet de conducir.

2. 人間関係

Tengo novio. / Manolo tiene una hermana menor. / ¿Tienes muchos amigos?

3. 年齢

Tengo diecinueve años. / Por lo visto Benito tiene unos setenta años.

4. 肉体的・精神的状態

Esta niña no tiene hambre. / Los estudiantes siempre tienen sueño en la clase.

¿Tienes miedo de los fantasmas? / Tengo ganas de descansar.

5. **tener que＋不定詞**（＝have to）「～しなければならない」（否定文では「～する必要はない」）

Tenéis que comprar este diccionario. / No tengo que trabajar mañana.

＊**hay que**＋不定詞は不特定の人が一般的に「～しなければならない」、

deber＋不定詞は tener que＋不定詞とほぼ同じだが、否定文では「～してはならない」

Hay que estudiar tres horas como mínimo. / No hay que buscar problemas.

Debes descansar en casa. / No debes maltratar a los animales.

❷ 従属節

49

文章を目的語とするには、動詞の後に接続詞queを置く。

Mi padre dice **que** hay que trabajar mucho. / Creo **que** este niño tiene sed.

Todo el mundo sabe **que** Roberto es un Don Juan.

③ 時刻の表現

la	una		uno
	dos		diez
	tres		quince
	cinco	y	dieciséis
	once		veinte
las	doce	または	treinta y cuatro
	diecinueve	menos	cincuenta y nueve
	veintiuna		cuarto
	veinticuatro		media

1. 「～時」には、数詞の前に女性定冠詞la（1時のみ）かlasをつける。1時、21時は数詞の末尾が-aになるので注意。

　　「～時**です**。」と時刻を述べる場合には、動詞はserを使い、1時の場合は3人称単数、それ以外の場合は3人称複数に活用させる。

　¿Qué hora es? —Es la una. / Son las ocho. / Son las doce.

2. 「～分すぎ」はy、「～分前」はmenosをつけ、後ろに分数（男性名詞扱い）をつける。

　Es la una y veinte. / Son las cuatro menos diez. / Son las nueve y uno.

3. 「15分」にはcuarto、「30分」にはmediaも使える。

　Son las nueve y cuarto. / Son las cinco y media. / Son las diez menos cuarto.

4. 「～時**に**」には、前置詞aを用いる。「～時に～します」の意味でserを使って「～時です」とは言えないので注意。

　¿A qué hora sale el tren? —Sale a las seis y cuarto.（×Son las seis y cuarto.）

　Hoy vuelvo muy tarde, a las diez de la noche.

5. 時間帯

　Limpio la casa **por la mañana.**

　Llegamos a La Paz mañana **por la tarde.**

　Estudiáis **por la noche.**

　Vas a la universidad a las ocho **de la mañana**.

　Mis hijos van a la cama normalmente a las once **de la noche**.

　Paco coge el autobús nocturno de las dos **de la madrugada**.

Ejercicio 7

1 動詞を直説法現在に正しく活用させなさい。

1) Yo（tener　　　　　　）tu e-mail.

2) Nosotros（tener　　　　　　）mucha sed por el calor.

3) María（decir　　　　　　）que ahora（tener　　　　　　）solo cinco euros.

4) Ustedes（oír　　　　　　）aquel ruido, ¿verdad?

5) ¿Tú（tener　　　　　　）hambre ya?

6) Sé que estos viajeros no（tener　　　　　　）prisa.

7) Usted（tener　　　　　　）dolor de estómago.

8) Mis hermanos（venir　　　　　　）pronto.

9) La política de los EE.UU.（Estados Unidos）（tener　　　　　　）mucha influencia en Japón.

10) Yo（oír　　　　　　）algo en el pasillo.

2 次の文章を**tener que**＋不定詞か**deber**＋不定詞を用いて書き換えなさい。

1) Mis padres compran pasta de dientes.

2) Dormís más.

3) No presentamos informaciones de poca credibilidad.

4) Usted habla con mi jefe.

5) No vienes a la universidad hasta octubre.

6) Hago los deberes de la clase de español.

3 （　　）内の時刻を用いて、動詞をつけて、質問に答えなさい。

1) ¿Qué hora es?（10時20分）

2) ¿A qué hora sales de casa?（8時半）

3) ¿Tienes hora?（1時50分）

　　＊¿Tienes hora?は、時計を持っていない人が持っているかもしれない人に時刻を聞く時の表現。「何時かわかりますか？」わかる場合の答え方は¿Qué hora es?で聞かれた時と同じ。

4) ¿A qué hora tienes que ir al médico?（午前9時45分）

5) ¿A qué hora empieza la sesión de la tarde?（午後6時15分）

Rapa Nui o la Isla de Pascua

51 ¿Sabes dónde está la isla de Rapa Nui? Está a tres mil setecientos kilómetros al oeste de la costa de Chile y está en medio del Océano Pacífico. Aunque es parte del territorio chileno, tienes que viajar casi 7 horas en avión desde Santiago. Probablemente te suena mejor su nombre antiguo, la Isla de Pascua.

La isla es famosa por sus moáis. Te recomiendo participar en tours para visitarlos, porque algunos están lejos del centro y necesitas algún transporte. Sacas la entrada conjunta a los Parques Nacionales, y después se la muestras a los guardianes de cada parque.

Los moáis están en toda la isla. Algunos están "de pie", algunos están caídos, y también vas a ver algunos abandonados sin perfeccionar. No los vas a olvidar nunca.

Gramática 8

❶ 前置詞格人称代名詞

1. 1人称単数形は**mí**、2人称単数形は**ti**。その他は主格人称代名詞と同じ形。

   Este regalo es para **ti**. / Sofía habla mucho de **mí**.

   Viajamos con vosotros. / Siempre pienso en él.

2. con＋mí→conmigo　　con＋ti→contigo

   Juan ya no vive **conmigo**. / ¿Luis todavía trabaja **contigo**?

   ¿Estudiáis con nosotros? / Necesito hablar con ustedes.

❷ 目的格人称代名詞

直接目的格

	単数	複数
1人称	me	nos
2人称	te	os
3人称	lo	los
	la	las

間接目的格

	単数	複数
1人称	me	nos
2人称	te	os
3人称	le	les

＊直接目的格中性のlo：文章や抽象的な事柄を受けて用いる。

1. 目的語をとっている動詞の活用形の**直前**に置く。

   Te llamo a la hora de la comida, sobre las dos o tres. / ¿Me dices tu nombre?

   ¿Nos esperas en la cafetería? —Sí, os espero.

2. 直接目的格の3人称は人も物も受ける。

   ¿Buscas a Ana y Jaime? —Sí, los busco. / ¿Ves aquellos volcanes? —Sí, los veo.

3. 否定辞のnoは目的格人称代名詞の前に置く。

   No te oigo. / Ya no me quieres. / No nos puedes hacer esto.

4. 2つの目的格人称代名詞が並ぶ場合、①**間接（〜に）** ②**直接（〜を）**の順序になる。

   否定辞のnoがつく場合は、①no　②間接　③直接　の順になる。

   ¿Nos enseñas las fotos de tu bebé? —Sí, os las enseño.

   ¿Me devuelves mis libros? —No, todavía no te los puedo devolver.

5. 間接目的格と直接目的格がともに3人称の場合、le, lesはseに変わる。

   ¿Tengo que entregar estos papeles a la policía?

   　　　　　　　—Sí, se los tienes que entregar.（×Sí, le los tienes que entregar.）

   ¿Decís eso a vuestro profesor? —No, no se lo decimos.

＊スペインでは直接目的語が人の場合、lo, losの代わりにle, lesを使う（leísmo）。

   ¿Conoces a Juan Carlos? —Sí, le conozco.

③ 目的格人称代名詞の重複

目的格人称代名詞が受けているものが誰（何）なのかをはっきりさせたり強調したりするために、a＋名詞、またはa＋前置詞格人称代名詞を重複して置くことができる。

A Natalia la queremos invitar a nuestra casa. / Le traigo un regalo a usted.

A mí no me da tiempo.

④ 不定語と否定語

否定語が述語動詞の前にある時は、否定辞のnoは不要になる。

1. algo ⇔ nada

¿Quieres comer algo? —No, no quiero comer nada. / No, nada quiero comer.

¿Sabes algo de Paulo? —No, no sé nada de él.

2. alguien ⇔ nadie

¿Hay alguien en la clase? —No, no hay nadie.

Nadie es perfecto. / No nos entiende nadie. / Nadie me contesta.

3. alguno ⇔ ninguno

修飾する名詞に性数一致させる。男性単数形の名詞の前では、それぞれalgúnとningúnになる。

¿Tienes algún bolígrafo? —No, no tengo ninguno（＝ningún bolígrafo）.

¿Hay alguna duda? —No, ninguna.

Algunos estudiantes son peruanos, pero ninguno es chileno.

4. (alguna vez) ⇔ nunca

Nunca voy a perdonar a Carlos.

Yo no estudio nunca en la biblioteca.

⑤ 不定詞と目的格人称代名詞

目的格人称代名詞をとっている動詞が不定詞の場合、目的格人称代名詞を不定詞の後ろにつけることができる（スペースおよびアクセント記号注意）。

¿Lo quieres probar? ＝ ¿Quieres probarlo?

Te la voy a dejar. ＝ Voy a dejártela.

Es imposible contarlo todo. / Siento pena al decírtelo.

注意 Te oí cantar la canción. →Te oí cantarla. ×Te la oí cantar.

Ejercicio 8

1 目的語を適切な目的格人称代名詞に置き換えて、（　　）に適切な文を入れなさい。

1）¿No veis a Joaquín y Elena?　—Sí, (　　　　　　　　　　　).

2）¿Me buscáis?　—No, (　　　　　　　　).

3）¿Tus amigas te ayudan mucho?　—No, (　　　　　　　　) nada.

4）¿Me mandas un mensaje?　—Sí, (　　　　　　　　) enseguida.

5）¿Esperáis el tren para Okayama?　—Sí, (　　　　　　　　).

6）¿Conocen ustedes a Cristina?　—Sí, (　　　　　　　　).

7）¿Me acompañas hasta la estación?　—No, (　　　　　　　　) porque tengo prisa.

8）¿Tus padres te dan dinero para pagar la matrícula?　—No, (　　　　　　　　).

9）¿Das a Pilar un plano de metro?　—Sí, (　　　　　　　　).

10）¿Entendéis español bien?　—No, (　　　　　　　　) bien todavía.

11）¿Piensa usted regalar estas flores a su esposa para su cumpleaños?
　—Sí, (　　　　　　　)

12）¿Me dejas las llaves de tu chalé?　—No, (　　　　　　　　).

13）¿Nos traes la tarta de fresas?　—Sí, (　　　　　　　　).

2 （　　）に否定語を入れて、文を完成させなさい。

1）No quiero volver (　　　　) a mi pueblo.

2）¿Hay alguna bebida en la nevera?　—No, no hay (　　　　).

3）(　　　　) sabe el resultado del partido de fútbol de anoche.

4）No hay (　　　　) habitación libre en este hotel.

5）¿Sabéis algo sobre la Guerra de Malvinas?　—No, no sabemos (　　　　).

Buscamos un piso

57

—¿Qué buscan ustedes?

—Buscamos un piso para compartir entre tres.

—Pues, tenemos uno muy cerca de aquí. También está cerca de la Universidad Politécnica y de un supermercado. Tiene tres dormitorios con aire acondicionado y muebles, un salón, un comedor y una cocina.

—¿Dónde está?

—¿Ve usted aquel edificio nuevo?

—¿Cuál?

—Aquél amarillo en la esquina.

—Ya lo veo. Me parece bonito, por fuera. ¿Cuánto cuesta por mes?

—1.600 euros al mes, incluye agua y gas.

—Es demasiado caro para nosotras.

—Entonces hay uno que cuesta 750 euros al mes.

—¿Por qué es tan barato?

—Es bastante viejo y está lejos de la universidad, pero está en un barrio tranquilo.

—Me suena bien. Quiero verlo con mis compañeras.

—¿Cuándo vienen?

—Nos conviene este martes.

Gramática 9

1 疑問詞（interrogativo）

疑問詞に掛かっている前置詞は、必ず疑問詞の前に置く。

🎧
58

1. qué　何　　　　　　　　—¿Qué estudias en la universidad?

　　　　　　　　　　　　　¿Qué significa tu nombre?

　　　　　　　　　　　　　¿Qué haces esta tarde? —Voy al cine.

　　　　　　　　　　　　　¿De qué habláis?（×¿Qué habláis de?）

　　名詞の前に置いて性質・種類を訊ねる。

　　　　　　　　　　　　　¿Qué color tiene vuestra camiseta?

　　　　　　　　　　　　　¿De qué país es usted?

2. cuándo　いつ　　　　　—¿Cuándo es tu cumpleaños?

　　　　　　　　　　　　　¿Cuándo vienen tus amigos aquí?

　　　　　　　　　　　　　¿Desde cuándo vives en Santander?

3. dónde　どこ　　　　　　—¿Dónde trabajan ellos?

　　　　　　　　　　　　　¿De dónde es tu abuela? / ¿A dónde vas?

4. quién　誰　　　　　　　—¿Quiénes son ellos? / ¿Con quién hablo?

　　　　　　　　　　　　　¿De quién es este coche? / ¿A quiénes esperas?

5. cuál　どれ　　　　　　—¿Cuál es tu hermano? / ¿Cuál es tu bicicleta?

　　　　　　　　　　　　　¿Cuáles son tus equipajes?

　＊quiénとcuálは数変化をする。　［quién, quiénes］［cuál, cuáles］

6. cómo　どのように（な）　—¿Cómo estás? —Estoy muy bien, gracias.

　　　　　　　　　　　　　¿Cómo es Marta?

　　　　　　　　　　　　　　—Es guapa y sabe tocar la guitarra.

　　　　　　　　　　　　　¿Cómo podemos averiguar la verdad?

7. cuánto

　① 　数えられる名詞の複数形の前に付けて数を聞く。

　　—¿Cuántas alumnas hay en esta clase?

　　　¿Cuántos años tienes?

② 数えられない名詞の単数形の前に付けて量を聞く。

　　　—¿Cuánto tiempo tardas en llegar?

　　　¿Cuánta agua gastamos todos los días?

＊cuántoは性・数変化をする。［cuánto, cuántos, cuánta, cuántas］

8. por qué　なぜ　疑問詞としての使い方は1と同じだが、文章の形で理由を答える時には
porqueを用いる。

　　　—¿Por qué trabajas aquí? —Porque conozco al dueño.

　　　¿Por qué no funciona esta máquina? —Por falta de electricidad.

2 曜日

lunes	martes	miércoles	jueves	viernes	sábado	domingo

¿Qué día es hoy? —Hoy es viernes.

＊副詞として使う場合定冠詞をつける。定冠詞複数形（前にtodosをつけることも多い）が
つくと「毎週〜曜日に」。

Tenemos una reunión el jueves. / Tengo clases los lunes y los miércoles.

Todos los martes hacemos descuento.

3 月

enero	febrero	marzo	abril	mayo	junio
julio	agosto	septiembre	octubre	noviembre	diciembre

＊副詞として使う場合、前置詞enを置く。

Juan vuelve a su país en diciembre. / Vamos a Guadalupe en agosto.

4 日付

¿A qué estamos hoy? —Estamos a diez de julio.

¿Cuándo es el día de los Reyes Magos? —Es el seis de enero.

＊副詞として使う場合、定冠詞をつける。

La clase empieza el uno de octubre.

Tengo exámen el veintiocho de enero.

1 適切な疑問詞を入れて質問文を完成させなさい。

1) ¿(　　　　　　) está el servicio?　—Está al fondo del pasillo.

2) ¿(　　　　　　) dice tal bobada?　—Víctor dice.

3) ¿(　　　　　　) restaurantes hay en este pueblo?　—Hay unos cinco.

4) ¿(　　　　　　) vais a Córdoba?　—Vamos en agosto.

5) ¿(　　　　　　) quieres comer?　—Quiero comer un cordero asado.

6) ¿(　　　　　　) vive Clara ahora?　—Vive en Roma.

7) ¿(　　　　　　) son estos chicos?　—Son los amigos de Pedro.

8) ¿(　　　　　　) horas estudias?　—Estudio dos horas al día.

9) ¿(　　　　　　) no vas a la universidad?　—Porque tengo fiebre.

10) ¿(　　　　　　) dinero cuesta esta maleta?　—Cuesta ochenta euros.

11) ¿De (　　　　　　) eres?　—Soy de Chihuahua, del norte de México.

12) ¿Desde (　　　　　　) conocen ustedes este pueblo?　—Lo conocemos desde niño.

13) ¿(　　　　　　) prefieres más, café o té?　—Siempre tomo café.

14) ¿En (　　　　　　) calle vives?　—Vivo en la calle Ruben Darío.

2 (　　　) の中の言葉を用いて、動詞をつけて質問に答えなさい。

1) ¿Cuándo empieza el segundo semestre?（10月）

2) ¿Qué día es hoy?（日曜日）

3) ¿Cuándo vas a cenar con Rafael?（11月15日）

4) ¿Cuándo trabajas en la taberna?（毎週木曜日）

5) ¿A qué estamos hoy?（2月14日）

6) ¿Desde cuándo viven ustedes en este piso?（この4月から）

Lección 10 Deportes típicos

🎧 63   ¿Te gustan los deportes? A mí me gusta el fútbol. Ahora la Liga Española es muy famosa en Japón también. A mí me gusta el Real Madrid y a mi hermano le gusta el Barça. La rivalidad de los dos equipos tiene origen en la de Madrid y Barcelona, es decir, de Castilla y Cataluña. Así que el resultado de *El Clásico español* les importa mucho a los madrileños y a los catalanes. El fútbol goza de mucha popularidad igualmente en los países latinoamericanos como Argentina, México y Brasil.

    Esta noche, si no llueve, hay un partido en un estadio cerca de mi casa. Tengo reservado un asiento en la octava fila. Está nublado ahora, pero el pronóstico dice que va a hacer buen tiempo desde el mediodía. A mucha gente le encanta ver un partido en televisión, pero es muy emocionante verlo en vivo y en directo en un estadio.

Gramática 10

① gustar型動詞

意味上の主語（＊1） （文法上の間接目的語）	動詞（＊2）	意味上の直接目的語（＊2） （文法上の主語）
A mí me		la música.
A ti te	gusta	viajar.
A Pedro le		nadar y correr.
A nosotros nos		los deportes.
A vosotros os	gustan	las golosinas.
A ustedes les		el cine y el teatro.
cf. Yo	quiero	bailar.

＊1　意味上の主語を表す間接目的格人称代名詞（me, te, le, nos, os, les）は必ずgustarの前におかれ、**省略することはできない**。「a＋前置詞格人称代名詞または固有名詞（名前）」は、特に強調・明示したい時にのみつける。

＊2　gustarの文法上の主語は好きである対象「好きな物・事」で、通常gustarの活用形の後に置かれる（前に置く場合は倒置）。活用はこちらに合わせる。

＊表にはよく使われる三人称の活用のみが載っているが、その他の人称でも用いられる。

1. gustar

Me gusta este abanico.（Este abanico me gusta.は倒置）

Nos gusta la música. / ¿Os gusta jugar al fútbol? / Te gusta tocar el piano.

A mi padre no le gusta el vino. / No les gustan los helados a mis amigos.

Me gustas mucho. / ¿Te gusto así?

2. interesar

Me interesa la gastronomía española. / ¿No te interesa ver telenovelas?

3. doler

¿Te duele la cabeza? —Sí, me duele mucho.

¿No te duelen los brazos? / Me duele decir la verdad a mi abuelo.

4. importar, apetecer, encantar, parecer…

No me importa el precio. / A Emilio le encanta el invierno.

¿Os apetece tomar algo? —No, gracias. Me apetece descansar ya.

¿Qué te parece? —Me parece que es ridículo.

🎧 **②天候の表現　3人称単数形だけが用いられる。**
65

　1. 自然現象を表す動詞：llover, nevar

　　Llueve mucho en La Habana. / En las Canarias nunca nieva.

　2. hacerを用いた表現

　　¿Qué tiempo hace hoy?

　　　—Hace buen tiempo. / Hace mal tiempo. / Hace viento. / Hace sol.

　3. その他

　　Hay nubes. / Hay niebla. / Hay tormenta. / Hay chubascos.

　　Está despejado. / Está nublado.

🎧 **③序数　「～番目の」**
66

primero	segundo	tercero	cuarto	quinto
sexto	séptimo	octavo	noveno	décimo

　1. 形容詞と同様に性数一致させて使う。

　　Mi segunda lengua extranjera es el español. / Vivimos en el octavo piso.

　　Felipe VI es el actual rey de España. / Esta ruina es del siglo VII.

　2. primero, terceroは、男性名詞単数形の前でprimer, tercerになる。

　　Voy a comprar el tercer tomo de esta serie.

　　Aquel hombre es el primer ministro actual de Japón.

　3. 11以降は基数を用いることが多い。

　　Don Quijote de la Mancha es una novela del siglo XVII.

🎧 **④定冠詞の代名詞的用法　定冠詞を代名詞的に用いて、名詞を省略できる。**
67
　　Aquí hay dos coches. El azul es de Diego y el blanco es de mi padre.

Ejercicio 10

1 質問に答える形で下線部に適切な文を入れなさい。

1） ¿A las niñas les gusta la crema de chocolate?　—No, _____

2） ¿Te gusta Miguel?　—Sí, _____

3） ¿Os gusta la comida picante?　—No, _____

4） ¿A Pilar le gustan las mariposas?　—Sí, _____

5） ¿Te duele el estómago?　—Sí, _____

6） ¿No te importa venir aquí ahora?　—No, _____

7） ¿Le interesa la zarzuela a usted?　—Sí, _____

8） ¿Te gusta Juan?　—No, _____ porque es muy machista.

9） ¿A ustedes les apetece tomar algo caliente?　—No, _____

10） Te impresiona este concierto, ¿verdad?　—Sí, _____

11） ¿Os apetece ir al tablao?　—No, _____ porque _____

12） ¿Cuál os gusta más, gazpacho o sopa de ajo?　—_____ gazpacho.

2 （　　）に天候を表す適切な動詞を入れなさい。

Todos los días （　　　　） sol en Andalucía. En el País Vasco （　　　　） frío y
（　　　　） en invierno. Hoy en la Costa Mediterránea （　　　） depejado y
（　　　　） pocas nubes. En Castilla-La Mancha （　　　　） nublado. En Castilla y
León （　　　　） buen tiempo pero （　　　　） mucho viento.

3 （　　）の数字を序数にしなさい。

el （2） día / la （1） Guerra Mundial / Felipe （4） / la （6） vez

El Papa Francisco （3） es argentino. / Sara vive en el （10） piso.

La vida diaria

🎧
68
Me llamo Alejandro. Me levanto normalmente a las siete de la mañana entre semana. Me lavo la cara, me afeito y me pongo las lentillas. Después de desayunar con tostadas y frutas, me limpio los dientes, me ducho y salgo de mi piso. Cojo el autobús en la parada justo al frente de mi piso para ir a la universidad.

Los lunes tengo clases de pedagogía, alemán y literatura. Se dice que la clase de alemán es difícil de aprobar. Como un menú en el comedor univesitario con mis compañeros a las dos y tomo un café para despejarme. Después de las clases, casi todos los días mis amigos y yo nos reunimos en el gimnasio y jugamos al baloncesto. Vuelvo a casa a las ocho, me lavo las manos y me quito las lentillas. Ceno con mis padres a las nueve, y luego vemos la televisión un rato o hago los deberes. Me ducho o a veces me baño y me acuesto sobre las doce de la noche. Los fines de semana generalmente me quedo con mis amigos para salir juntos.

Gramática 11

1 再帰動詞（verbo reflexivo / pronominal）

levantar**se**

me levanto	**nos** levantamos
te levantas	**os** levantáis
se levanta	**se** levantan

再帰代名詞を伴う動詞。再帰代名詞は主語の人称・数に一致して変化する。再帰代名詞の置かれる場所は、目的格人称代名詞と同じ。（cf. Lec. 8, Lec. 9）

用法

1. 主語と直接目的語が同一。「自分自身を」と訳せる場合と、日本語では決まった別の表現が存在する場合がある。

   Me llamo Isabel. cf. Lo llamo Pedro.

   Carmen se mira en el espejo. cf. Te miro en el espejo.

2. 他動詞の自動詞化。日本語では自動詞が存在する行為でも、スペイン語では他動詞しかなく、再帰動詞を用いなければならない場合が多い。

   Estos niños se acuestan temprano. cf. Acostamos a estos niños.

   Me levanto a las ocho de la mañana. cf. Levantamos la pared.

3. 主語の所有を表す：「〜自身に〜を〜する」 自分の体の一部や身につけるものに作用を及ぼす場合に用いる。

   Me lavo las manos antes de comer. （×Lavo mis manos.）

   Nos limpiamos los dientes después de comer. （×Limpiamos nuestros dientes.）

   Los españoles no se quitan los zapatos al entrar a casa.

   Nos ponemos el abrigo. / Te pintas las uñas.

4. 相互：「互いに」 主語が複数の場合のみ。

   Mi profesor y yo nos saludamos. / Nos llamamos luego.

   Agustín y su esposa se quieren mucho. / Nos vemos mañana.

5. 強意：「〜してしまう」というニュアンスが加わる。

Ya me voy, adiós. cf. Voy a la universidad.

Pedro se come esa tarta entera. cf. Teresa come ensalada.

Me muero de hambre.

🎧 ❷ 非人称表現
70

「一般に人は〜する」のニュアンス。特定の主語をとらない。

1. 再帰代名詞se＋三人称単数

En Argentina se come bien. / ¿Cómo se va a la estación?

Se tarda treinta y nueve horas en llegar a Lima.

2. 三人称複数形（ただし主語は特定されない）

Dicen que va a ocurrir un terremoto por esta zona dentro de unos años.

🎧 ❸ seの受け身
71

❷1から派生しているが、動詞が直接目的語を取る場合、この目的語が文法上の主語となり、これに合わせて動詞は3人称単数または複数に変化する。単数の場合、❷1と区別はできない。なお主語は事物に限られる。

No se alquilan estas casas. / Se produce mucho vino en España.

En Akihabara se venden ordenadores baratos.

¿Cómo se escribe tu apellido? —D de Dinamarca, A de América y N de Noruega.

🎧 ❹ 100以上の基数
72

100	cien（ciento）	300	trescientos	1.000	mil
101	ciento uno	400	cuatrocientos	2.000	dos mil
115	ciento quince	500	quinientos	10.000	diez mil
122	ciento veintidós	600	seiscientos	100.000	cien mil
190	ciento noventa	700	setecientos	1.000.000	un millón
199	ciento noventa y nueve	800	ochocientos	1.000.000.000.000	
200	doscientos	900	novecientos		un billón

1. 200, 300...は、かかっている名詞に性数一致する。

doscientas escuelas / quinientos coches

2. 2.000, 3.000...の時、milは複数形にならない。millón, billónはdos millones, diez billones のように複数形になる。

1 （　　）内の動詞を再帰動詞として、またはseを用いた非人称構文になるよう、直説法現在に正しく活用させなさい。

1） Yo（levantarse　　　　　　　　）a las siete entre semana.

2） Nosotros（acostarse　　　　　　　　）temprano.

3） Mi compañero también（llamarse　　　　　　　　）Federico.

4） ¿Rocío y tú（casarse　　　　　　　）esta primavera?

5） A veces（encontrarse　　　　　　　）con un oso en el bosque.

6） El bebé（dormirse　　　　　　　）enseguida en los brazos de su madre.

7） Nosotros（morirse　　　　　　）de risa.

8） Tú（ducharse　　　　　）antes de salir.

9） Estos vecinos（pelearse　　　　　　　）siempre.

10） ¿Vosotras（acordarse　　　　　　）de mí?

11） Antonio（comerse　　　　　　）toda la pizza.

12） Ustedes no（quejarse　　　　　　　）de mi trabajo.

13） ¿Los hombres（afeitarse　　　　　　　）todas las mañanas?

14） El español（hablarse　　　　　）en muchos países.

15） Un momento, yo（cambiarse　　　　　　　）de ropa.

16） （abrirse　　　　　　）estas oficinas a las nueve.

17） Alfonso jamás（enfadarse　　　　　　　）con sus amigos.

18） Nosotros（verse　　　　　　）casi todos los días en la universidad.

19） ¿Los japoneses（bañarse　　　　　　　）todas las noches?

20） Yo no（sentirse　　　　　　）bien.

21） Don Quijote（lanzarse　　　　　　　）contra un molino de viento.

22） No（deberse　　　　　　）hablar en voz alta en los hospitales.

23） Carmen siempre（cortarse　　　　　　　）el pelo en aquella peluquería.

Lección 12 Bienvenidos a Japón

🎧 73   Soy Patricia, trabajo como azafata en una línea aérea internacional. La semana pasada subí al vuelo directo a Japón por primera vez, y lo aproveché para hacer turismo en Tokio. Llegué al Aeropuerto Internacional de Narita a las ocho de la mañana y descansé un rato en el hotel. Al despertarme, llamé a mis amigos japoneses y nos quedamos para vernos al día siguiente. También invité a la excursión a un compañero mío, que es el piloto de nuestro avión.

Primero fuimos en metro a Asakusa. En el templo budista de Asakusa saqué un oráculo, *omikuji*, y me tocó *kichi*, el de buena suerte.

Luego comimos en una taberna típica de comida japonesa. Comí sashimi y yakitori. La calidad del sashimi no fue nada comparable con la que comemos en Madrid. También nos gustó mucho el yakitori. Pregunté mucho sobre Japón a mis amigos. Me sorprendió la limpieza de las calles a pesar de encontrar muy pocos basureros. Aquella noche dormí profundamente gracias al sake, un vino de arroz típico de Japón.

Gramática 12

1 直説法点過去（pretérito perfecto simple de indicativo）（その1）

1. 規則活用

hablar		comer		vivir	
hablé	hablamos	comí	comimos	viví	vivimos
hablaste	hablasteis	comiste	comisteis	viviste	vivisteis
habló	hablaron	comió	comieron	vivió	vivieron

① 1人称単数形の表記が変わる動詞

buscar→busqué　　sacar→saqué　　llegar→llegué　　pagar→pagué

empezar→empecé　　avanzar→avancé

② 3人称の表記が変わる動詞（アクセント記号にも注意）

leer: leí leíste **leyó** leímos leísteis **leyeron**

creer: creí creíste **creyó** creímos creísteis **creyeron**

oír: oí oíste **oyó** oímos oísteis **oyeron**

2. 語幹母音変化動詞（ir動詞のみ：三人称の語幹母音が変化する）

sentir: sentí sentiste sintió sentimos sentisteis sintieron

pedir: pedí pediste pidió pedimos pedisteis pidieron

dormir: dormí dormiste durmió dormimos dormisteis durmieron

3. 完全不規則動詞

dar: di diste dio dimos disteis dieron

ser: fui fuiste fue fuimos fuisteis fueron

ir: fui fuiste fue fuimos fuisteis fueron

4. 用法　過去において終了し、すでに完結した出来事や行為、状態を表す。

Estudié dos noches sin dormir y aprobé los exámenes el mes pasado.

Ayer nos levantamos a las ocho de la mañana.

Anoche Rafael salió de casa muy temprano.

El escritor japonés Kenzaburo Oe ganó el premio Nobel.

¿Durmió usted bien? —Sí, dormí muy bien.

Usted fue responsable del accidente; oyó la alarma pero no frenó.

Fuimos al médico la semana pasada.

Se acabó nuestra relación.

74

❷ 関係代名詞（pronombre relativo）que

75

先行詞は人でも物でもよい。最もよく用いられる。

　関係代名詞が先行詞の後にすぐ続いている場合は制限的用法、カンマが入る場合は非制限的用法になる。関係詞節が先行詞を限定するためにつけられるのが制限的用法で、情報を追加するためにつけられるのが非制限的用法。

　　　Viajé a Viena con mi abuela **que** no habla alemán ni inglés.

　　　La alpaca es una especie de camello **que** vive en los Andes.

　　　Quiero comprar esas revistas, **que** no se venden en el quiosco.

　　　Leí una novela interesante, **que** te voy a prestar.

❸ 関係代名詞　前置詞＋que

76

前置詞はつねに関係代名詞の前に置く。前置詞の後に定冠詞を置くことがある。

　　　Ésta es la casa **en que** Vargas Llosa escribió *La casa verde*.

　　　×Ésta es la casa **que** Vargas Llosa escribió *La casa verde* **en**.

　　　El ordenador **con el que** trabajo funciona muy bien.

　先行詞が場所を表す名詞の場合、en queの代わりに**関係副詞donde**を使う事ができる。

　　　Voy a la Plaza de las Armas **donde** me esperan mis amigos.

　　　Ésta es la casa **donde** nació Francisco Pizarro.

❹ 関係代名詞　quien（quienes）

77

先行詞が人の場合に用いる。制限的用法では前置詞を伴う場合にしか用いられず、非制限的用法でもqueの方がよく用いられる。

　　　Llamé enseguida al doctor **con quien** trabajo siempre.

　　　Iván y Eugenio, **con quienes** salgo frecuentemente, ahora están hospitalizados.

　　　Camilo José Cela, **quien** ganó el premio Nobel, escribió la novela *La familia de Pascual Duarte*.

Ejercicio 12

1 動詞を直説法点過去形に正しく活用させなさい。

1）Ayer yo（trabajar 　　　　　　　　）hasta las nueve de la noche.

2）El avión（retrasarse 　　　　　　　　）ocho horas por la huelga.

3）¿Por qué vosotros no（estudiar 　　　　　　　　）nada antes de los exámenes?

4）Anoche tú（cenar 　　　　　）sola y（acostarse 　　　　　　　）temprano.

5）Cervantes（nacer 　　　　　　　　）en 1547 en Alcalá de Henares, que está cerca de Madrid, y（morir 　　　　　　　　）en 1616, el mismo año que Shakespeare e Ieyasu Tokugawa.

6）¿Ustedes ya（pedir 　　　　　　　）permisos para matricularse?

7）Nosotros（creer 　　　　　　）ese rumor.

8）¿Qué（comer 　　　　　　）vosotros en Argentina?
　—（comer 　　　　　）mucha carne, por supuesto.

9）En el año 2001 mi abuelo（ser 　　　　　　　　）el presidente de esta empresa.

10）Adelaida（presentarse 　　　　　　　　）para las oposiciones a un puesto en el ayuntamiento.

2 二つの文章を関係代名詞もしくは関係副詞を用いて一つの文章にしなさい。

1）Te doy este diccionario. Ya no necesito el diccionario.

2）Veo muchos turistas chinos. Muchos turistas chinos visitan Japón.

3）Tienes que subir al tren para Puno. El tren sale a las nueve.

4）Me gusta bailar el tango. El tango nació en los barrios de Buenos Aires.

5）Todavía no llega un paquete. Me enviaron mis libros en el paquete.

6）¿Vosotros tenéis unos tíos? ¿Los tíos viven en Caracas?

7）Mi novio trabaja en Toledo. La casa de sus padres está en Toledo.

8）Tengo un socio. Mi socio habla tres lenguas.

13 El español

78

Hay muchos idiomas en el mundo. Algunos tienen una población muy grande que lo habla, como el inglés o el chino. El español es uno de ellos y veintidós países lo definen como su lengua oficial. ¿Por qué lo hablan en tantos países? La clave está en el año 1492. En este año Antonio de Nebrija escribió *Gramática de la lengua castellana*, el primer libro de la gramática española. En el mismo año Cristóbal Colón "descubrió" las Américas, y los españoles las colonizaron en las décadas siguientes.

Al principio del siglo XIX la mayor parte del territorio español en las Américas se independizó y se formaron nuevos estados como México, Argentina y Perú. Pero los "hispanoamericanos" no quisieron ni pudieron abandonar el uso del español y lo eligieron como lengua oficial de cada país.

Ahora se encuentra mucha variedad de pronunciación y vocabulario en español según países o regiones; tienes que pensar cuál es mejor para usar, por ejemplo, "patata" o "papa", "autobús" o "guagua", "jersey" o "chompa". Pero a pesar de todo, es un idioma y las gentes que lo hablan se entienden fácilmente.

Gramática 13

1 直説法点過去（その2）

1. 不規則な語幹を伴う不規則活用

不規則語幹 + e, iste, o, imos, isteis, ieron

① **tener**型（語幹にuが入る）

tuve	**tuv**imos
tuviste	**tuv**isteis
tuvo	**tuv**ieron

アクセント記号がつかないことに注意

andar: anduve anduviste anduvo anduvimos anduvisteis anduvieron

poder: pude pudiste pudo pudimos pudisteis pudieron

estar: estuve estuviste estuvo estuvimos estuvisteis estuvieron

saber: supe supiste...　　　　　　poner: puse pusiste...

haber: hube hubiste...

No estuvo nadie en casa y tuve que comer solo.

② **venir**型（語幹にiが入る）

vine	**vin**imos
viniste	**vin**isteis
vino	**vin**ieron

hacer: hice hiciste hizo（スペル注意） hicimos hicisteis hicieron

querer: quise quisiste quiso quisimos quisisteis quisieron

Vino un amigo mío con el que hicimos el camino de Santiago.

No quisimos tomar aquel vino tan caro.

③ **decir**型（語幹がjで終わる。三人称複数は-jieronではなく-jeronになるので注意。）

dije	**dij**imos
dijiste	**dij**isteis
dijo	**dij**eron

conducir: conduje condujiste condujo condujimos condujisteis condujeron

traer: traje trajiste trajo trajimos trajisteis trajeron

traducir: traduje tradujiste...　　　　　producir: produje produjiste...

Me lo tradujisteis anteayer. / Victoria trajo su muñeca.

2 関係代名詞lo que

従属節全体を中性名詞化して、「～すること」という意味にする。

No entiendo lo que quieres decir.

Hicimos todo lo que pudimos.

Lo que deseamos es mantener el nivel de vida que llevamos.

3 時間の経過を表すhace

「hace＋期間＋que」で、que以下の節で示されることが起きてからの経過期間を表す。que以下の節の動詞が過去形なら「～前に…した」、現在形なら「～前から…している」になる。

Hace dos horas que vi al muchacho. / Hace doce años que no veo a Carlos.

主文の後に「hace＋期間」をつけることもできる。この場合「～前から」は「desde hace＋期間」となる。

Vi al muchacho hace dos horas. / No veo a Carlos desde hace doce años.

4 知覚・使役・放任の動詞＋不定詞

直接目的語が不定詞の意味上の主語になる。

Oigo hablar a mis padres. / Vi caer las piedras sobre la carretera.

El profesor nos hizo memorizar las conjugaciones.

Los chicos no me dejaron pasar.

5 感嘆文（oración exclamativa）

形容詞・副詞・名詞の前にquéを置く。

¡Qué bonito! / ¡Qué rápido! /¡Qué frío! / ¡Qué pesado!

¡Qué buena es María Isabel! / ¡Qué hermoso es el paisaje!

¡Qué bien hablas español! / ¡Qué rápido corre el tren bala!

「qué＋名詞」に形容詞をかけるときは、tanまたはmásを形容詞の前に付ける。

¡Qué chico tan guapo! / ¡Qué edificio más grande!

¡Qué fiesta tan divertida!

1 動詞を直説法点過去形に正しく活用させなさい。

1) Anoche nosotros no（poder　　　　　　　）cenar y（tener　　　　　　　）
   mucha hambre.

2) ¿Por qué tú no me（decir　　　　　　　）la verdad?

3) Ayer mis hermanos（ponerse　　　　　　　）indispuestos y（tener　　　　　　　）
   pesadillas.

4) Yo（querer　　　　　　　）llamarte anoche, pero no（poder　　　　　　　　　）.

5) El profesor me（poner　　　　　　　）un sobresaliente.

6) ¿Cuánto tiempo（estar　　　　　　　）vosotras en el lago Titicaca?

7) El domingo pasado mi madre（hacer　　　　　　　）una paella muy rica.

8) ¿Tú（estar　　　　　　）en Puerto Rico el verano pasado?
   —No, yo（estar　　　　　　）en Honduras.

9) Antonio me（traer　　　　　　　）un regalo de Perú.

10) Estamos en la zona donde（haber　　　　　　　）un combate durante la guerra civil.

11) ¿Tú（conducir　　　　　　　）un camión por primera vez?

12) Ernesto "Che" Guevara（venir　　　　　　　）a Japón en 1959.

13) Los españoles（introducir　　　　　　　）los tomates y las patatas a Europa de
   las Américas.

14) ¿Cuántos kilómetros（andar　　　　　　　）vosotros en el Camino de Santiago?

15) Él（traducir　　　　　　）un libro mío al español.

2 次の文章を、下線部を強調する感嘆文に書きかえなさい。

1) Hace calor hoy.　　　　　　2) Tus hijos son inteligentes.

3) La chica es simpática.　　　　4) El chorizo rico.

5) Ellos bailan bien el flamenco.　6) Has llegado pronto.

Lección 14 Sevilla e Itálica

🎧
84
    Probablemente ya saben ustedes dónde está Sevilla. Es una ciudad grande e importante de Andalucía. Se prosperaba mucho en los siglos XVI y XVII, gracias al comercio con el Nuevo Mundo. La riqueza de las Indias llegaba al puerto de Sevilla, y luego se exportaba a toda Europa. La Catedral de Sevilla todavía te muestra cómo era en los siglos pasados.

    Cerca de Sevilla está Itálica, a quince minutos en autobús. Ahora es un pueblo pequeño, pero era muy importante en la época romana. Los emperadores Trajano y Adriano fueron de Itálica y gobernaron todo el Imperio Romano.

    Ahora puedes visitar las ruinas de Itálica, que están arregladas como un conjunto arqueológico. Hay ruinas de casas, termas y un anfiteatro de la época romana. Están muy bien conservados los suelos de mosaico. Puedes pasear tranquilamente entre las ruinas e imaginar cómo era la vida en aquel tiempo remoto.

Gramática 14

❶ 直説法線過去（pretérito imperfecto de indicativo）

1. 規則活用

hablar		comer		vivir	
hablaba	hablábamos	comía	comíamos	vivía	vivíamos
hablabas	hablabais	comías	comíais	vivías	vivíais
hablaba	hablaban	comía	comían	vivía	vivían

2. 不規則形（3語のみ）

ser: era eras era éramos erais eran

ir: iba ibas iba íbamos ibais iban

ver: veía veías veía veíamos veíais veían

3. 用法

① 過去のある時点における継続的な行為や状態を表す。

　　Cuando me llamaste, ya estaba en cama. / El paquete llegó cuando cenábamos.

　　Ayer tuve que ir al dentista porque me dolían los dientes.

② 過去の習慣的・反復的行為を表す。

　　Ana siempre estudiaba en esta biblioteca cuando vivía en Cuenca.

　　Jugábamos en este jardín cuando éramos niños.

③ 主節が過去時制のときの従属節で、時制の一致を示す。

　　Creí que estudiabas en la universidad.

　　Jorge me dijo que iba a cumplir la promesa.

❷ 現在分詞（gerundio）

　　　　規則形

hablar→hablando	comer→comiendo	vivir→viviendo

スペル注意　leer→leyendo　　oír→oyendo

不規則な現在分詞

① 　語幹母音変化（ir動詞のみ）。　dormir→durmiendo　　decir→diciendo

② 　その他。　reír→riendo

過去分詞と違って、性・数の変化をすることは全くない（cf. Lec. 15）。

🎧 **用法**
86
1.「estar＋現在分詞」で進行形をつくる。

Estamos esperando en la estación. / ¿Qué estás haciendo?

Cuando me llamaste, me estaba duchando.

seguir, irも現在分詞をよく伴う。

Sigo leyendo el mismo libro. / José seguía investigando el caso.

Vamos corriendo. / Íbamos charlando a la escuela.

2. 副詞として「～しながら」を表す。

Este chófer conduce cantando. / Estos niños comen viendo la televisión.

Preparé la cena charlando con una amiga.

Estábamos en el aeropuerto por ocho horas esperando la llegada de nuestro avión.

🎧 **❸ 目的格人称代名詞・再帰代名詞の位置**
87
1. 目的格人称代名詞と再帰代名詞は、通常これらをとっている動詞の活用形の前に来る。（cf. Lec. 8, Lec. 11）

Te lo regalo. / Me muero de sed.

2. 目的格人称代名詞と再帰代名詞は、これらをとっている不定詞・現在分詞の語尾に結合させることができる。アクセントは不定詞・現在分詞の通常の位置にあるので、結合させた場合アクセント符号をつけることがある。（cf. Lec. 8）

Rosa come viendo la televisión. →Rosa come viéndola.

×Rosa la come viendo.

Estoy escribiendo la carta. →Estoy escribiéndola.

（＝La estoy escribiendo.）

Lola está secándose el pelo. / Voy a ponérmelo.

🎧 **❹ 接続詞**
88
1. y/eは肯定的な連結。iもしくは hi で始まる語の前ではeに変わる。

Julia y yo somos amigos. / Hijo e hija / China e India

2. o/u は選択。oまたはhoで始まる語の前ではuに変わる。

¿María es arquitecta o abogada? / Siete u ocho / Bélgica u Holanda

3. peroは否定的な連結。Mas, sin embargoも同様。

No hay libros en la sala, pero hay muchas revistas.

4. no...sino, no(...ni) ...ni(not...but, not(...nor)...nor)

Mi marido no es profesor sino ingeniero.

Mi esposa no es médica ni maestra. / Aquí no hay ni agua ni comida.

Ejercicio 14

1 動詞を直説法線過去形に正しく活用させなさい。

1) Yo (respetar   ) las opiniones de mis padres.

2) El invierno pasado (nevar   ) mucho en Patagonia.

3) Antes los trenes (retrasarse   ) siempre, pero ahora son puntuales.

4) Todos los días Natalia (ir   ) en coche a Madrid para trabajar.

5) Me (doler   ) la garganta durante toda la semana pasada.

6) Cuando nosotros (ser   ) jóvenes, (levantarse   ) antes de las siete.

7) Yo (querer   ) comprar un teléfono móvil.

8) Picasso (vivir   ) en París cuando estalló la Guerra Civil Española.

9) Recordé que yo (tener   ) que devolver 200 euros a Pedro.

10) Antes mi padre y mi hermano (fumar   ) mucho.

11) ¿Por qué tú no (estudiar   ) más cuando (ser   ) estudiante?

12) La cosecha de verduras es mala porque en verano (hacer   ) demasiado calor.

13) Vosotras ya (saber   ) hablar español cuando vino a Sevilla.

2 動詞を現在分詞にしなさい。

1) Elvira y yo no siempre vamos (caminar   ) a la fábrica.

2) Estoy (buscar   ) un piso para compartir.

3) Estuvieron (navegar   ) por la red, (buscar   ) informaciones de los hoteles en Ushuaia.

4) Este taxímetro no está (funcionar   ).

Granada

89 ¿Habéis oído hablar alguna vez sobre Granada? Es famosa por el Palacio de la Alhambra, que está declarado como Patrimonio de la Humanidad. Es un palacio árabe de la época del último reino musulmán en la Península Ibérica, el Reino de Granada de la dinastía Nazarí.

Esta primavera he viajado a Granada con mis compañeros. Habíamos reservado el Parador de Granada, que está en la Alhambra misma. Es caro pero nos permite pasear por la Alhambra de noche, y entrar en los Palacios Nazaries como los primeros turistas del día.

Estamos totalmente de acuerdo con la frase: "Quien no ha visto Granada, no ha visto nada". Hemos disfrutado mucho, pero esta vez no hemos ido a tapear al centro de la ciudad, a pesar de que Granada es el lugar de origen de las tapas. Tenemos que volver otra vez.

Gramática 15

1 過去分詞（participio pasado）

規則形

hablar→hablado	comer→comido　　vivir→vivido

母音＋er, irの動詞はアクセント記号に注意する。leer→leído　　caer→caído

不規則形

volver→vuelto　　decir→dicho　　escribir→escrito　　hacer→hecho

poner→puesto　　ver→visto　　romper→roto　　abrir→abierto　　freír→frito

cubrir→cubierto

1. 形容詞的用法　過去分詞は名詞の性・数に一致する

una máquina hecha en México / un poema escrito en español

los huevos fritos / las ventanas abiertas

Mi hermano tiene una pierna rota.

A los niños les gustan las patatas fritas.

2. 受動態（voz pasiva）（ser＋過去分詞）　過去分詞は主語の性・数に一致する。受身「～ された」　動作主を示す時には、前置詞porをつける。

El acueducto de Segovia fue construido por los romanos.

"Che" Guevara fue capturado y ejecutado en Bolivia.

3. 受動態（estar＋過去分詞）　過去分詞は主語の性・数に一致する。動詞の行為の結果生じ た状態を表す形容詞として用い、動作主は示されない。

La bibioteca está abierta. / Los bancos ya están cerrados a estas horas.

Las ventanas no estaban rotas. / Su coche está aparcado en la calle.

Se ve el monte Fuji, que está cubierto de nieve.

2 直説法現在完了形（pretérito perfecto compuesto de indicativo）

不規則動詞haberの現在形＋過去分詞

comer

he comido	**hemos** comido
has comido	**habéis** comido
ha comido	**han** comido

過去分詞は男性単数形を使う。形容詞的用法と異なり、性・数の変化をしない。

1. 現在において終わったばかりの行為を表す。

El avión ha llegado al aeropuerto. / Ya hemos terminado los trámites.

2. 現在までの経験・継続を表す。

Ángel ha estado dos veces en Milán.

Hasta ahora hemos colaborado con esa empresa sin ningún problema.

3. 現在を含む期間に起こった出来事を表す。

Hoy, esta mañana, esta tarde, esta noche, esta semana, este mes, este año, últimamente などの副詞（句）を伴うことが多い。

¿Has visto a Elena esta mañana? / ¿Dónde has estado hasta ahora?

Hoy he perdido mis documentos personales.

❸ 直説法過去完了形（pretérito pluscuamperfecto de indicativo）

haberの直説法線過去形＋過去分詞

comer

había com**ido**	habíamos com**ido**
habías com**ido**	habíais com**ido**
había com**ido**	habían com**ido**

用法

1. 過去のある時点より以前に終わった行為・状態を表す。

Me dijiste que te habían robado la cartera, ¿verdad?

El primer ministro comentó que los dos países habían llegado a un acuerdo.

2. 過去のある時点までの経験・継続を表す。

Hasta aquel día habíamos sido buenos amigos.

Antes de visitar España el año pasado, yo ya había estado en Bolivia.

Ejercicio 15

1 適切な形の過去分詞にしなさい。

1) unos errores (repetir　　　　　　　).

2) las obras (terminar　　　　　　　).

3) los calamares (freír　　　　　　　).

4) programas (hacer　　　　　　) en Japón.

5) En boca (cerrar　　　　　　) no entran moscas.

6) La novela *Soy un gato* fue (escribir　　　　　　　) por Souseki Natsume.

7) Los cubiertos están (poner　　　　　　) sobre la mesa.

2 動詞を直説法現在完了に正しく活用させなさい。

1) Yo (reservar　　　　　　) una mesa para cuatro personas en un restaurante español.

2) ¿Vosotras (cenar　　　　　　) ya? —Sí, ya (cenar　　　　　　).

3) Hoy ustedes (trabajar　　　　　　) mucho.

4) Tú (comer　　　　　) demasiado.

5) ¿Qué me (decir　　　　　) usted? —No, no te (decir　　　　　) nada.

6) Esta mañana yo (perder　　　　　　) el autobús de siempre.

3 動詞を直説法過去完了に正しく活用させなさい。

1) ¿Dónde ustedes (estar　　　　　　) antes de venir a Japón?
　—(Estar　　　　　) en Inglaterra.

2) ¿Vosotros no (ver　　　　　　) a Isidro antes del crimen?

3) ¿Ya (llegar　　　　　) tú cuando empezó a llover?

4) Hasta aquella noche nosotros no (poder　　　　　　) dormir casi nada.

El Salar de Uyuni

93

El salar de Uyuni, que pertenece a Bolivia, es el mayor desierto de sal del mundo, de 10.582 km^2 (kilómetros cuadrados). Está a 3.600 m sobre el nivel del mar, tan alto como el monte Fuji. Por eso hay que tener mucho cuidado con el soroche. El salar contiene más de 10.000 millones de toneladas de sal. En el pueblo de Uyuni viven más o menos 18.000 habitantes, y entre ellos se habla tanto el español como el aimara. Las dos son lenguas oficiales de Bolivia.

—Ya se ve el Salar.

—¡Es enormísimo! Se puede perder fácilmente al cruzarlo en coche, porque todo es blanco y plano.

—Por el día nos ubicamos aprovechando la vista del volcán Tunupa, pero salir al Salar por la noche es peligrosísimo. Sin luz suficiente es imposible ubicarse, ni se ven los obstáculos...

—Desde la Isla Inca Washi nos saluda muchísima gente.

—No, no son seres humanos sino cactus...

—La sal les trae a ustedes bastante riquieza, ¿no?

—No mucha. Mucha gente se va a La Paz para buscar trabajo. Pero ahora dicen que el Salar contiene muchísimas toneladas de litio también, y eso puede generar riqueza.

Gramática 16

❶ 比較級（comparativo）規則型

優等比較：más	+	形容詞・副詞	+que		
劣等比較：menos	+	形容詞・副詞	+que		
同等比較：tan	+	形容詞・副詞	+como		

El río Nilo es más largo que el Amazonas.

El vino es menos caro que el agua mineral en España.

Carmen es tan inteligente como María.

Habláis español tan bien como nosotros.

94

❷ 比較級　不規則形

mucho	→	más
poco	→	menos
bueno, bien	→	mejor
malo, mal	→	peor
grande	→	mayor（más grande）
pequeño	→	menor（más pequeño）
tan＋mucho	→	tanto

劣等比較級に不規則形はない。

Como dulces más que antes, pero bebo menos.

Carlos tiene tres años más que Diana.

Este libro de texto es peor que el otro.

Mi ordenador funciona mejor que el tuyo.

95

1. más grande, más pequeñoは容積・体格など具象的なものの、
   mayor, menorは年齢や重要性など抽象的なものの大小の比較に使われる。
   Esta casa es más grande que la otra. / Esta mesa es más pequeña que ésa.
   Paola es menor que yo. / Esta obra tiene mayor importancia que aquélla.

2. muchoの同等比較形はtanto。形容詞の場合は性数一致する。
   En Lisboa hay tantos edificios históricos como en Madrid.
   Tengo tanto sueño como tú. / Me gusta tanto Málaga como Ceuta.
   No tengo tanta experiencia como ellos.

🎧 **❸ 最上級（superlativo relativo）**
96

形容詞の場合

定冠詞＋（名詞）＋más・menos＋形容詞＋de

Joaquín es el estudiante más inteligente de la clase.

El examen de español es el menos fácil de todos（los exámenes）.

Este accidente es el peor de toda la historia.

副詞の場合

定冠詞＋que＋動詞＋más・menos＋副詞＋de

Susana es la que corre más rápido de mi pueblo.

Antonio es el que cocina menos de toda la familia.

José Tomás es el que toreaba mejor en aquella corrida.

🎧 **❹ 比較級を用いない程度の表現**
97

muy, mucho, bastante, poco, demasiado

La mentalidad de los japoneses es muy diferente de la de los latinos.

Bebes demasiado. / Me caes bastante bien. / Comemos poco.

🎧 **❺ 接尾語-ísimo**
98

　形容詞・副詞の語尾に-ísimoをつけて「とても、非常に」のように意味を強める。母音で終わる形容詞・副詞は母音を取り去って、子音で終わる形容詞・副詞はそのまま、語尾に-ísimoをつける。形容詞は性数一致させる。

Esta cámara digital es carísima. / Este actor es guapísimo.

¡Muchísimas gracias! / Aprendes español rapidísimo.

正書法上の注意が必要なもの

Chile es un país lar**guí**simo. / ¡Comes po**quí**simo!

🎧 **❻ 縮小辞-ito, -illo**
99

　名詞・形容詞・副詞に付け、「小さな」「少し」の意味を加える。親近感を表すために使うこともある。形容詞・副詞に付ける時の作り方は、接尾語-ísimoに同じ。また縮小辞がついた形で決まったものを指す名詞もある。

An**ita** es famosa. / El bebé es todavía pequeñ**ito**. / Lo preparamos rapid**ito**.

Allí hay una ventan**illa**. / Compro un bocad**illo**.

Me das un bes**ito**. / Necesitamos un cafec**ito** antes de trabajar.

Ejercicio 16

1 次の文を指示に従って書き換えなさい。

1) El Amazonas es un río largo. （南米（Sudamérica）で一番・最上級）

2) A mí me gusta el verano. （他の季節（estaciones）よりも・優等比較）

3) Isabel no es seria. （Elenaと同じくらいではない・同等比較）

4) Mi madre compró un vestido elegante. （君のよりも・優等比較）

5) Esta novela es interesante. （あれらの小説ほどではない・劣等比較）

6) Marcelo cocina muy bien. （家族で一番・最上級）

7) En este restaurante se come mal. （あのレストランよりも・優等比較）

8) Mi padre es gordo. （私のおじたちと同じくらい・同等比較）

9) España es grande. （日本よりも・優等比較）

10) "Guernica" es una obra representativa de Picasso. （最も・最上級）

11) Corro rápido. （あなた方ほどではない・劣等比較）

12) Teresa conduce mucho. （彼女の兄弟たちよりも・優等比較）

13) El Vaticano es un país pequeño. （世界で一番・最上級）

14) Penélope es famosa. （Javierと同じくらい・同等比較）

15) Se dice que los españoles son puntuales. （日本人よりも・劣等比較）

16) Los San Fermines es una fiesta española conocida en el mundo. （一番・最上級）

補 遺

Sección suplementaria

Lección 17

Gramática 17

❶ 直説法未来形（futuro imperfecto de indicativo）

1. 規則活用　活用語尾は-ar, -er, -irで共通。不定詞の後ろにつける。

hablar		comer		vivir	
hablar**é**	hablar**emos**	comer**é**	comer**emos**	vivir**é**	vivir**emos**
hablar**ás**	hablar**éis**	comer**ás**	comer**éis**	vivir**ás**	vivir**éis**
hablar**á**	hablar**án**	comer**á**	comer**án**	vivir**á**	vivir**án**

2. 不規則活用　語尾は規則活用と同じだが、語根が不規則になる。

① 不定詞の語尾の母音が脱落する。

poder: podré podrás podrá podremos podréis podrán

haber: habré...　　　querer: querré...　　　　　saber: sabré...

② 不定詞の語尾の母音がdに変わる。

tener: tendré tendrás tendrá tendremos tendréis tendrán

poner: pondré pondrás pondrá pondremos pondréis pondrán

salir: saldré...　　　venir: vendré...

③ 完全不規則動詞

hacer: haré harás hará haremos haréis harán

decir: diré dirás dirá diremos diréis dirán

3. 用法

① 現在からみた未来の行為・状態を表す。

cf. 未来を表す語句　mañana, pasado mañana, el próximo mes

la próxima semana, el año que viene, después

Te llamaré mañana. / Ustedes visitarán el colegio la próxima semana.

Estudiaremos mucho antes del examen. / Pepe ganará el concurso.

② 現在の出来事の推量を表す。

Ahora mi hermano estará en su oficina. / Las niñas ya estarán dormidas.

¿Dónde está mi móvil? —Estará en tu bolsa.

Serán las tres de la tarde. / ¿Jesús tendrá algún compromiso?

❷ 直説法過去未来形（potencial / condicional simple de indicativo）

1. 規則活用　語尾は-ar, -er, -irで共通。不定詞の後ろにつける。

hablar		comer		vivir	
hablaría	hablaríamos	comería	comeríamos	viviría	viviríamos
hablarías	hablaríais	comerías	comeríais	vivirías	viviríais
hablaría	hablarían	comería	comerían	viviría	vivirían

2. 不規則活用　活用語尾は規則活用と同じ。不規則な語幹は未来形と同じ。

poder: podría　podrías　podría　podríamos　podríais　podrían

tener: tendría　tendrías　tendría　tendríamos　tendríais　tendrían

hacer: haría　harías　haría　haríamos　haríais　harían

3. 用法

① 過去のある時点からみた未来の行為・状態

　　Pensé que ya estaríamos en Viena la semana que viene.

　　María me dijo que mandaría una carta a Diego.

② 過去の推量

　　Hace diez años todavía sería imposible encontrar un ordenador como éste.

　　¿Sabes por qué no vino Julio a la reunión de la semana pasada?

　　　—No sé por qué. Estaría resfriado.

③ 現在・未来の行為・状態を婉曲的に表す。

　　¿Podría usted ayudarme a cuidar al paciente?

　　Ahora mismo sería difícil atenderte.

　　Me gustaría pasar las vacaciones de verano en Cancún.

　　Yo lo dudaría. / Yo no podría vivir más sin ti.

Ejercicio 17

1 動詞を直説法未来形に正しく活用させなさい。

1) Nosotros（ir　　　　　　　）a la universidad la semana que viene.

2) Ellos（saber　　　　　　）el resultado mañana.

3) Mañana la carta（llegar　　　　　　　　）a tu casa.

4) ¿Qué（hacer　　　　　　）vosotros en este verano?

5) Yo（trabajar　　　　　）en la empresa de mi padre.

6) Ellas no（poder　　　　　　　）comer mucho en la fiesta.

7) Mañana（nevar　　　　　　　）porque hace mucho frío esta noche.

8) Nosotros jamás（volver　　　　　　　）a vernos.

9) Creo que mi padre（venir　　　　　　　　）pronto y nosotros
（tener　　　　　　）tiempo para ir a Granada juntos.

10) Mi tío（tener　　　　　　　）mucho dinero porque le tocó la lotería.

11) Creen que España（ganar　　　　　　　　）la Copa Mundial.

12) Ustedes（perder　　　　　　　）el tren de las diez.

2 （　　）の動詞を直説法過去未来形に活用させなさい。

1) Luis me dijo que（llegar　　　　　　　　）diez minutes más tarde.

2) ¿No te（importar　　　　　　　）apagar tu móvil?

3) Vosotros（poder　　　　　　　　）dejarme un mensaje por lo menos, ¿no?

4) Los críticos comentaron que esa película（ganar　　　　　　　　）el Óscar para la
mejor película.

5) No sabíamos que（haber　　　　　　　）tanta gente en el museo.

6) Tú no（deber　　　　　　）conducir tan rápido.

7) Yo（querer　　　　　　）hablar contigo sobre este asunto a solos.

8) El médico me aseguró que（hacer　　　　　　　　）todo lo posible.

Gramática 18

❶ 接続法現在の活用（presente de subjuntivo） 規則活用

hablar		comer		vivir	
hable	hablemos	coma	comamos	viva	vivamos
hables	habléis	comas	comáis	vivas	viváis
hable	hablen	coma	coman	viva	vivan

正書法上注意すべき動詞

buscar: busque busques busque busquemos busquéis busquen

llegar: llegue llegues llegue lleguemos lleguéis lleguen

❷ 接続法現在の活用（2） 語幹母音変化動詞

1. -ar動詞, -er動詞は直説法現在と同じ語幹母音変化をする。

pensar		poder	
piense	pensemos	pueda	podamos
pienses	penséis	puedas	podáis
piense	piensen	pueda	puedan

2. -ir動詞はさらに1・2人称複数形でe→i, o→u

sentir		dormir		pedir	
sienta	sintamos	duerma	durmamos	pida	pidamos
sientas	sintáis	duermas	durmáis	pidas	pidáis
sienta	sientan	duerma	duerman	pida	pidan

jugar: juegue juegues juegue juguemos juguéis jueguen

❸ 接続法現在の活用（3） その他の不規則変化動詞

1. 直説法現在1人称単数形を基につくられる動詞

hacer（hagoから）	
haga	hagamos
hagas	hagáis
haga	hagan

tener（tengo）: tenga tengas... poner: ponga... salir: salga...

conocer: conozca... decir: diga... oír: oiga... venir: venga...

ver（veo）: vea veas vea veamos veáis vean

huir（huyo）: huya huyas huya huyamos huyáis huyan

2. 完全不規則動詞

ser: sea　seas　sea　seamos　seáis　sean

estar: esté　estés　esté　estemos　estéis　estén

haber: haya　hayas　haya　hayamos　hayáis　hayan

ir: vaya　vayas　vaya　vayamos　vayáis　vayan

saber: sepa　sepas　sepa　sepamos　sepáis　sepan

❹ 接続法の用法（1）

直説法：話者が事実とみなしていることを伝える。

接続法：事実かどうか不明、もしくは仮定的な内容を伝える。
　　　　願望、感情、価値判断、必要性を表す。

名詞節で用いられる場合

① 主節が願望（命令、依頼、許可、禁止など）を表す。主節の主語と名詞節の主語は異なる。

Quiero que me ayudes. / Te pido que vengas aquí ahora mismo.

Esperamos que consigáis la beca.

El profesor nos obliga que hablemos solo en español en la clase.

El médico me ha ordenado que tome estas pastillas.

Mis padres desean que yo sea abogado.

② 主節が疑惑・否定を表す。

Dudo que encontremos a María en la clase.

No creo que yo termine este trabajo para hoy.

　　cf. Creo que van a terminar el trabajo para hoy.

Me pregunto si Ignacio sea capaz de cometer tantas atrocidades.

　　cf. Estoy seguro de que Ignacio no es capaz de dañar a nadie.

③ 主節が感情を表す。

Me alegro mucho de que estés mejor ya.

¡Qué lástima que no puedas participar en el concurso!

Estoy encantado de que Pilar venga a la fiesta de mi casa.

④ 主節が価値判断（必要性・可能性など）を表す。

Es importante que todos nosotros cuidemos el medio ambiente.

Es imposible que Diana se case con mi mejor amigo.

Es posible que la pastelería esté abierta.

Es normal que esté enfadada. / Es necesario que mi padre me ayude.

Ejercicio 18

1 次の（　　）の動詞を接続法現在に活用させなさい。

1）Sonia espera que yo le (comprar　　　　　　　) un regalo.

2）¿Quieres que nosotros (venir　　　　　　) a tu casa?

3）Es posible que (suceder　　　　　　) algo imprevisto.

4）Quiero que usted (pensar　　　　　　) más en su hijo.

5）Es importante que no (huir　　　　　　) tú del examen.

6）El médico me ordena que yo (dejar　　　　　　) de fumar y beber.

7）Os pido que (decir　　　　　) la verdad.

8）Dudo que María (volver　　　　　) a casa esta noche.

9）Es necesario que (estudiar　　　　　) vosotros mucho.

10）Nos alegramos de que ustedes (vivir　　　　　) en Lisboa.

11）Dudo si hoy (llover　　　　) de verdad.

12）Siento que tú no (poder　　　　) viajar con nosotros.

13）Me extraña que todavía no (llegar　　　　) los libros.

14）Quiero que este ordenador (funcionar　　　　) mejor.

15）Es mejor que ya tú (tener　　　　) el pasaporte a mano.

16）Mi marido no diría que no (querer　　　　) trabajar.

17）Será mejor que vosotros (dormir　　　　) ya.

18）Me sorprende que os (gustar　　　　) tanto los toros.

19）Espero que vosotros (tener　　　　) buen viaje.

20）Es muy importante que usted lo (hacer　　　　) por sí mismo.

Gramática 19

1 接続法現在の用法（2）　形容詞節・副詞節

1. 形容詞節では、先行詞が不特定か否定の意味を持っているとき用いられる。

Necesitamos una secretaria que hable español.

　　cf. Tenemos una secretaria que habla español.

Tengo algunos amigos que puedan ayudarte.

Aquí no hay nadie que tenga mala intención.

2. 副詞節

① para que, sin queの後の副詞節で用いる。この場合主文の主語と副詞節の動詞の主語は異なる。（同じ場合はpara, sinの後に不定詞）

Compro este libro para que lo estudies en casa.

　　cf. Compro este libro para estudiarlo en casa.

Llegamos a casa sin que nos vea nadie.

　　cf. Llegamos a casa sin ver a nadie.

② 未来の不確定な事柄を表す副詞節（cuando, por si acaso, en caso de queなどの後）で用いる。

En caso de que Carmen llame, te manderé un mensaje.

　　cf. Te llamo al llegar a Madrid.

Compraré un chalé cuando sea millonario.

　　cf. Siempre compro este dulce cuando paso por el mercado.

③ 仮定的な事柄についての譲歩を表すaunqueの後の副詞節で用いる。（直説法現在形は実際の事柄についての譲歩を表す。）

Mañana vamos de excursión aunque llueva.

　　cf. Vamos de excursión aunque llueve hoy.

No me gusta este hombre aunque te caiga bien.

　　cf. No me gusta este hombre aunque te cae bien.

2 接続法現在の用法（3）　疑惑と願望を表す独立文

1. 疑惑：tal vez, quizá(s), probablemente, posiblemente, por si acasoなどと共に用いられる。

Quizás ya estén en casa. / Tal vez aquel hombre no vuelva aquí.

2. 願望を表す。que, ojalá（que）と共に用いられる。

¡Que tengáis suerte! / ¡Que te salga todo bien!

¡Ojalá que me vean así mis padres! / ¡Ojalá que no haya guerra!

❸ 命令法（modo imperativo）

túまたはvosotrosに対する肯定命令に用いる。

1. 規則形

hablar		comer		vivir	
habla	hablad	come	comed	vive	vivid

túに対する命令法は直説法現在3人称単数形と同形。

vosotrosに対する命令法は不定詞の語尾の-rを-dにする。

注意：oír: oye, oíd

Pasad, pasad. / Habla más alto, por favor.

2. túに対する不規則な命令形

decir: di　　hacer: haz　　ir: ve　　poner: pon　　tener: ten

salir: sal　　venir: ven　　ser: sé

Haz lo que quieras. / Ten cuidado. / Ven aquí. / Sé buen chico.

3. 目的格人称代名詞・再帰代名詞は命令形の末尾に付ける。アクセントは命令形にあるので、場合によってアクセント記号を付ける必要が生ずる。また再帰動詞の2人称複数への肯定命令では、命令形の最後のdがおちる。

Pásame un salero. / Dime tu dirección. / Vete ya. / Hacedlo.

Cuéntamelo. / Ponte la ropa. / Déjame en paz. / Date prisa.

Poneos la corbata.（×Ponedos la corbata.）

❹ その他の命令

1. 3人称への肯定命令には接続法現在形を用いる。目的格人称代名詞・再帰代名詞の位置は命令法に同じ。

Hable usted. / Tengan cuidado. / Venga conmigo, por favor.

Dígame. / Siéntense. / Piénselo bien.

2. 全ての人称に対する否定命令には接続法現在形を用いる。目的格人称代名詞・再帰代名詞は活用している動詞の前に置くか、代名詞をとっている不定詞の後ろに付ける。

No fumes. / No digáis tonterías. / No lo toques. / No se quiten los zapatos. / No te molestes. / No lo vayas a cambiar. ＝No vayas a cambiarlo.

3. 1人称複数への肯定命令には接続法現在形を用い、勧誘になる。目的格人称代名詞・再帰代名詞の位置は命令法に同じ。なお再帰動詞の1人称複数への肯定命令では、命令形の最後のsがおちる。

Tomemos una copa. / Levantémonos temprano.（×Levantémosnos temprano.）

cf. Vámonos de aquí.（×Vámosnos de aquí.）

Ejercicio 19

1 （　　）の中の動詞を**tú**に対する命令法にしなさい。

1) （hablar　　　　　　） más despacio, por favor.

2) （ponerse　　　　　　） el abrigo porque hace mucho frío hoy.

3) （hacer　　　　　） tu tarea ya; o tu profesora te va a echar una bronca.

4) （esperar　　　　　　） un momento aquí. Ahora vengo.

5) Si estás de acuerdo, （levantarse　　　　　） las manos.

6) （salir　　　　　） de ahí. No debes entrar.

7) （tener　　　　　） cuidado, el piso está mojado.

8) （pensar　　　　　　） bien por qué te suspendieron la asignatura.

2 （　　）の中の動詞を接続法現在形に活用させなさい。

1) No me （esperar　　　　　　） tú. Hoy no puedo cenar en casa.

2) No （preocuparse　　　　　　） usted. Todo irá bien.

3) No me lo （decir　　　　　） tú. No puede ser.

4) Me tocó la lotería aunque os （parecer　　　　　　） mentira.

5) Que yo （saber　　　　　　）, Yolanda te estará buscando en el aeropuerto.

6) Cuando nosotros （tener　　　　　） tiempo, viajaremos a España de nuevo.

7) ¿Vosotros lleváis mudas de camisa por si acaso （quedarse　　　　　　） mojados?

8) Mandaré un mensaje a Elena para que （venir　　　　　） pronto.

9) La palabra "Adiós" viene de la frase "A Dios tú （ser　　　　　） encomendado".

10) Tal vez Susana e Isabel （aprobar　　　　　） el examen.

11) Estamos buscando un hotel que （tener　　　　　　） un gimnasio.

12) Quizá el gobierno no （subir　　　　　） el impuesto.

13) En caso de que （llover　　　　　）, se suspenderá el partido.

14) No （irse　　　　　） tú. Todavía te necesitamos.

Lección 20

Gramática 20

① 直説法未来完了・過去未来完了 （futuro perfecto de indicativo / potencial (condicional) compuesto de indicativo）

直説法未来完了

habré	comido	habremos	comido
habrás	comido	habréis	comido
habrá	comido	habrán	comido

直説法過去未来完了

habría	comido	habríamos	comido
habrías	comido	habríais	comido
habría	comido	habrían	comido

作り方　haber＋過去分詞で表される完了時制の動詞haberを、それぞれ直説法未来・過去未来形に活用させる。

直説法未来完了の用法

① 現在からみた未来のある時点で完了していると推測される事柄。

A las tres ya habré terminado el trabajo.

Mis padres ya se habrán mudado al campo en la primavera que viene.

② 現在完了で表される事柄に関する推量。

¿Quién habrá llevado mi coche? —Es tu hermana.

直説法過去未来完了の用法

① 過去から見た未来のある時点で完了していると推測される事柄。

Ramón dijo que para el año que viene habría terminado la carrera.

Pensábamos que a las tres ya habríamos llegado al aeropuerto.

② 過去完了で表される事柄に関する推量

Conchi ya habría terminado la tesis cuando salió de viaje.

② 接続法過去

hablar

-ra形		-se形	
hablara	habláramos	hablase	hablásemos
hablaras	hablarais	hablases	hablaseis
hablara	hablaran	hablase	hablasen

作り方：直説法点過去3人称複数形から末尾の-ronをとって、人称・数に応じて太字の語尾を付け加える。例外はない。

＊-ra形と-se形はほぼ同じように用いられるが、-ra形の方が一般的。

sentir: sintiera sintieras sintiera sintiéramos sintierais sintieran

tener: tuviera tuvieras tuviera tuviéramos tuvierais tuvieran ser / ir: fuera   fueras   fuera   fuéramos   fuerais   fueran

用法

1. 接続法が用いられる構文において、時制が過去の時。

¡Ojalá que tuvieras tiempo para visitarnos!

El profesor me aconsejó que debiera estudiar más.

2. 現在における婉曲。quererの接続法過去-ra形のみを用いる。

Quisiera hablar con el director de esta oficina, por favor.

❸ 接続法現在完了・過去完了（pretérito pluscuamperfecto de subjuntivo）

接続法現在完了

haya	comido	hayamos	comido
hayas	comido	hayáis	comido
haya	comido	hayan	comido

接続法過去完了（-ra形）

hubiera	comido	hubiéramos	comido
hubieras	comido	hubierais	comido
hubiera	comido	hubieran	comido

作り方　haber＋過去分詞で表される完了時制の動詞haberを、それぞれ接続法現在・過去形に活用させる。接続法過去完了形には-se形もある。

用法

接続法が用いられる構文において、時制が現在完了・過去完了の時。

Me alegro de que hayáis llegado a tiempo.

Alejandro se preguntó si de verdad hubiera visto a aquel hombre antes.

❹ 非現実的条件文（oración hipotética irreal）

現実に起きていること、起きたこととは反する事柄や、実現がまずあり得ないと思われる事柄を仮定する場合に用いる。

1. 現在の事柄について

条件節	帰結節
si＋接続法過去形	直説法過去未来形

Si mis padres estuvieran aquí, se quedarían sorprendidos.

Podría hacer cualquier cosa si me prestaran un millón de euros.

2. 過去の事柄について

条件節	帰結節
si＋接続法過去完了形	直説法過去未来完了形

Si te hubiera perdido, yo no habría conseguido ser como soy.

Habríamos salvado la vida de todos si hubiéramos obtenido el permiso.

1 （　　）内の動詞を直説法未来完了または過去未来完了に活用させなさい

1）Ya ellos（terminar　　　　　　）la construcción del puente el próximo lunes.

2）Enrique todavía no（hacer　　　　　　）los deberes cuando lo llamé por teléfono.

3）Todos vosotros（irse　　　　　　）a la cama a las once de aquella noche.

4）Pasado mañana ya tú（escribir　　　　　　）la carta.

5）Pensábais que yo no（conseguir　　　　　　）cumplir la promesa.

2 次の非現実的条件文の文を完成させなさい。

1）Si Javier lo（haber　　　　　　）dicho en serio, sería un insulto de verdad.

2）Si vosotras（ser　　　　　　）hijas suyas, Juana os trataría mejor.

3）Si（hacer　　　　　）buen tiempo, yo（ir　　　　　　）a la playa, pero hoy llueve.

4）Si tú no（estar　　　　　　）con gripe,（ir　　　　　）de excursión a Coimbra el domingo pasado.

5）Si le（tener　　　　　）efecto estas pastillas, no（hacer　　　　　　）falta ponerle unas inyecciones ahora.

6）Si yo（tener　　　　　　）dinero,（comprar　　　　　　）una casa en las Islas Canarias. Es mi sueño.

7）Si no hubiera tanta gente, nosotros（poder　　　　　　）ver bien la exposición.

8）Si yo lo（saber　　　　　　）,（venir　　　　　）aquí y te （ayudar　　　　　）para evitar el problema.

9）Si tú（esforzar　　　　　　）como yo te esperaba, habrías hecho mejor.

10）Si ella no（tener　　　　　　）la agenda tan apretada, tendría tiempo para hablar con nosotros al menos.

前置詞
preposiciones

前置詞	主な意味	用例
a	〜へ（具体的な到達点）	Voy a Valencia.
	〜時に（時点）	Llego a las once.
	〜に（地点や時点の隔たり）	Está a 6 km de Sevilla, a 15 minutos en autobús.
	〜につき	Tomo esta pastilla cuatro veces al día.
	〜に（関節目的語の前）	Dejo este diccionario a David.
	〜を（直接目的語が特定の人の前）	Busco a Alberto.
	方法・手段・目的	Vamos a pie. Escribo a ordenador. Vengo a verte.
de	〜の（所有）	Es la bicicleta de Yolanda.
	〜で（原料）	Esta pijama es de seda.
	〜産・出身（de＋地名）	Estos vinos son de Chile.
	〜について（話題・題材）	Guillermo siempre habla de su novia.
	〜の（限定）	Son libros de español.
	〜として（役割）	Mi hijo trabaja de camarero.
	〜で（原因）	Me muero de hambre.
en	〜の中に、〜に（場所）	Estudio en la biblioteca.
	〜で（手段：言語、乗り物）	Hablo en inglés. Voy en metro.
	〜に（時期）	Voy a la playa en agosto.
con	〜と一緒に	¿Sales con nosotros?
	〜を用いて（手段）	Trabajo con el ordenador.
por	〜のあたりに（漠然とした空間）	Vamos por Europa.
	〜の間に（時間）	Te veo por la tarde.
	〜によって（理由）	No puedo matricularme por falta de dinero.
	〜によって（方法）	Lo envío por avión.
	〜につき（割合）	Cobro por hora.
desde	〜から（起点）	Vamos a andar desde la estación
hasta	〜まで（終着点）	Andamos hasta la casa.
para	〜のために（目的）	Hago ejercicios para la salud.
	〜にとって（対象）	Para mí el ataque es la mejor defensa.
sobre	〜の上に	Hay un café sobre la mesa.
	〜について（話題）	Es un libro sobre el Valle de los Caídos.
	〜時頃	Los españoles comen sobre las dos.
entre	〜の間に（中間）	Nagoya está entre Tokio y Kioto.
	〜で（協力）	Nos ayudamos entre nosotros.

＊アクセントのあるaまたはhaで始まる女性名詞の単数形にはel, unをつける。複数形は通常
通り。

    el/un aula　　las/unas aulas　　el/un habla　　las/unas hablas

＊Sí, noの返事は、英語と同様（日本語と異なり）、相手の言ったことが正しいかどうかでは
なく、正しい内容が肯定文で表されるか否定文で表されるかに対応する。

    ¿Eres español?　　　　　　　　　　　　Sí, soy español.
             （どちらに対しても）
    ¿No eres español?　　　　　　　　　　　No, no soy español.

＊前置詞＋名詞で決まり文句的に使われる前置詞句で、名詞に冠詞などを付けるとニュアンス
が変わる。

    Salgo de casa. 「僕は家（自宅）を出る。」
    Salimos de mi casa. 「僕らは僕の家を出る。」
    Salgo de la casa. 「僕はその家を出る。」

＊中性以外の指示代名詞にアクセント符号を付ける必要の有無については、2010年以降スペ
イン語圏でも議論が続いている。この教科書では付ける方式に従っている。

＊アクセント符号が本来付くべき母音が大文字になる時、一般的にアクセント符号は省略され
る。

    África→Africa　　ángeles→Los Angeles
    ただしこの教科書では、アクセントの位置がわかりやすいように、大文字の場合でもアクセ
    ント符号を付けて表記している。

ビエンベニードス！

検印
省略   © 2021 年 1 月 30 日   初 版 発 行

著者   大原　志麻

　　　　　　　　　　　　　花方　寿行

発行者   原　雅　久

発行所   株式会社　朝 日 出 版 社

〒 101-0065 東京都千代田区西神田 3-3-5

電話(03) 3239-0271・72（直通）

http://www.asahipress.com/

振替口座　東京　00140-2-46008

明昌堂／図書印刷

朝日出版社 スペイン語一般書籍のご案内

!スペ単! ―頻度で選んだスペイン語単語集（練習問題つき）―

GIDE（スペイン語教育研究会）語彙研究班　編

◆様々なスペイン語の初級学習書を分析・解析。
◆学習者が最も必要とする語彙を抽出、文法項目と関連付けて提示。
◆各項目ごとに理解と運用を助ける練習問題を配備。
◆文法項目と語彙グループを結び付けて紹介。
◆豊富な練習問題と読み物資料ページでしっかり楽しく学べる。
◆多角的に語彙を覚えられる意味別・品詞別語彙リスト、単語の意味もついた詳細なさくいんつき。
◆初めてスペイン語を学ぶ人から、指導する立場の人まで幅広く活用できる一冊。

●A5判　●本編13章＋読み物資料＋巻末語彙集＋さくいん　●各項練習問題つき　●のべ5200語
●264p　●2色刷　　本体価格2200円＋税（000371）

くらべて学ぶスペイン語 改訂版 DVD+CD付
―入門者から「再」入門者まで―

福嶌教隆　著
スペイン語圏4億万人と話せる

◆スペインのスペイン語とラテンアメリカのスペイン語をくらべて、並行してどちらも学べます。
◆全くの初歩からスペイン語を学ぶ人（入門者）も、一通りの知識のある人（「再」入門者）も活用できるよう編集されています。
◆スペイン語圏各地のネイティブの吹込者によるCDや、スペインの美しい映像をおさめたDVD（スペイン語ナレーション付）が添付されています。
◆スペイン語を話すどの場所に行っても、この1冊で充分話し切れること間違いなしです！

●A5判　●15課　●144p　●さし絵多数　●DVD+CD付　●2色刷
本体価格2400円＋税　（000552）

とことんドリル！ スペイン語 文法項目別

高橋覚二・伊藤ゆかり・古川亜矢　著

◆文法事項を確認しながら、一つずつ確実なステップアップ　　◆多様な話題のコラムも楽しい♪
◆全27章で、各章は3ページ【基礎】＋1ページ【レベルアップ】で構成
◆スペイン語のことわざをイラストで紹介
◆スペイン語技能検定試験4、5、6級の文法事項がチェックできる！
◆ふと頭に浮かぶような疑問も学習者の目線で丁寧に解説
◆復習問題でヒントを見ながら実力試せる

●B5判　●27章＋解答例・解説　●200p　●2色刷
本体価格2300円＋税　（000747）

きちんとやりたい人のための
徹底！トレーニング

ゆっくり学ぶスペイン語 CD付

西川 喬

◆本書はスペイン語を「ゆっくり学ぶ」ための本です。
◆初めて学ぶ人はもちろんのこと、基礎的な知識を整理したい人にも最適です。
◆各課文法別に段階的に進みます。やさしい文法要素から順を追って知識が増やせるように配置しています。
◆各課には「ちょっとレベルアップ」のページがあります。少し知識のある方は、ぜひこのページに挑戦してください。

◆各課の最後に練習問題があります。自分で解いて、巻末の解答で確かめましょう。
◆再挑戦の方向けに、31、32課で「冠詞」と「時制」を扱っています。ぜひ熟読してください。
◆それでは本書で、「ゆっくりと」スペイン語を楽しんで行きましょう。

●A5判　●32課　●264p　●さし絵多数　●2色刷　●CD付　本体価格2900円＋税（001081）

（株）朝日出版社

〒101-0065　東京都千代田区西神田3-3-5
TEL:03-3263-3321　FAX:03-5226-9599
http://www.asahipress.com/